U0361497

梨花带雨

生旦净末丑的乾坤

谭帆　徐坤　著

北京大学出版社
PEKING UNIVERSITY PRESS

图书在版编目（CIP）数据

梨花带雨：生旦净末丑的乾坤 / 谭帆，徐坤著 . —
北京：北京大学出版社，2017.7
（幽雅阅读）
ISBN 978-7-301-28430-8

Ⅰ . ①梨… Ⅱ . ①谭… ②徐… Ⅲ . ①戏曲演员—列
传—中国—古代 Ⅳ . ① K825.78

中国版本图书馆 CIP 数据核字 (2017) 第 137415 号

书　　　名	梨花带雨：生旦净末丑的乾坤	
	Lihua Daiyu	
著作责任者	谭　帆　徐　坤　著	
策 划 编 辑	杨书澜	
责 任 编 辑	魏冬峰	
标 准 书 号	ISBN 978-7-301-28430-8	
出 版 发 行	北京大学出版社	
地　　　址	北京市海淀区成府路 205 号　　100871	
网　　　址	http://www. pup. cn　　新浪微博：@ 北京大学出版社	
电 子 信 箱	weidf02@sina.com	
电　　　话	邮购部 62752015　发行部 62750672　编辑部 62752824	
印 刷 者	北京中科印刷有限公司	
经 销 者	新华书店	
	787 毫米 ×1092 毫米　A5　9.25 印张　166 千字	
	2017 年 7 月第 1 版　2017 年 7 月第 1 次印刷	
定　　　价	78.00 元	

未经许可，不得以任何方式复制或抄袭本书之部分或全部内容。
版权所有，侵权必究
举报电话：010-62752024　电子信箱：fd@pup.pku.edu.cn
图书如有印装质量问题，请与出版部联系，电话：010-62756370

幽雅阅读

北京大学副校长　吴志攀

一杯清茶、一本好书，让神情安静，寻得好心情。

躁动的时代，要寻得身心安静，真不容易；加速周转的生活，要保持一副好心情，也很难。物质生活质量比以前提高了，精神生活质量呢？不一定随物质生活提高而同步增长。住房的面积大了，人的心胸不一定开阔。

保持一个好心情，不是可用钱买到的。即便有了好心情，也难以像食品那样冷藏保鲜。每一个人都有自己高兴的方法：在北方春日温暖的阳光下，坐在山村的家门口晒晒太阳；在城里街边的咖啡店，与朋友们喝点东西，天南地北聊聊；精心选一盘江南丝竹调，用高音质音响放出美好乐曲；人人都回家的周末，小孩子在忙功课，妻子边翻报纸边看电视，我倒一杯清茶，看一本好书，享受幽雅阅读时光。

离家不远处，有一书店。店里的书的品位，比较适合学校教书者购买。现在的书，比我读大学时多多了；书的装帧，也比过去更讲究了；印书的用纸，比过去好像也白净了许多。能称得上好书者，却依然不多。一般的书，是买回家的，好书是"淘"回家的。

何谓要"淘"的好书？仁者见仁，智者见智。依我之管见，书者，拿在手上，只需读过几行，便会感到安稳，心情如平静湖面上无声滑翔的白鹭，安详自在。好书者，乃人类精神的安慰剂，好心情保健的灵丹妙药。

在笔者案头上，有一本《水远山长：汉字清幽的意境》，称得上好书。它是"幽雅阅读"丛书中的一本，作者是台湾文人杨振良。杨先生祖籍广东平远，2004年猴年是他48岁的本命年。台湾没有经过大陆的"文革"，中国传统文化在杨先生这一代人知识与经验的积累中一直传承下来，没有中断，不需接续。

台湾东海岸的花莲，多年前我曾到访过那里：青山绿水，花香鸟鸣。作者在如此幽静的大自然中写作，中国文字的诗之意境，词之意趣，便融入如画的自然中去了。初读这本书的简体字书稿，意绪不觉随着文字，被带到山幽水静之中。

策划这套书的杨书澜女士邀我作序，对我来说是一个机缘，步入这套精美的丛书之中，享受作者们用情感文字搭建的"幽雅阅读"想象空间。这套书包括中国的瓷器、书法、国画、建筑、园林、家具、服饰、乐器等多种，每种书都传达出独特的安逸氛围。但整套书之间，却相互融合。通览下来，如江河流水，汇集于中国古代艺术的大海。

笔者不是中国艺术方面的专家，更不具东方美学专长，只是这类书籍不可救药的一位痴心读者。这类好书对于我，如鱼与水，鸟与林，树与土，云与天。在生活中，我如果离开东方艺术读物，便会感到窒息。

中国传统艺术中的诗、书、画、房、园林、服饰、家具，小如"核舟"之精微，细如纸张般的景德镇薄胎瓷，久远如敦煌经卷上唐墨的光泽，幽静如杭州杨公堤畔刘庄竹林中的读书楼，一切都充满着神秘与含蓄之美。

几千年来古人留下的文化，使中国人有深刻的悟性，有独特的表达，看问题有特别的视角，有不同于西方人的简约。中国人有东方的人文精神，有自己的艺术抽象，有自己的文明源流，也有和谐的生活方式。西方人虽然在自然科学领域，在明清时代超过了中国。但是，他们在工业社会和后现代化社会，依然不能离开宗教而获得精神的安慰。中国人从古至今，不依靠宗教而在文化艺术中获得精神安慰和灵魂升华。通过这些可物化可视觉的幽雅文化，并将它们融入日常生活，这是中国文化的艺术魅力。

难道不是这样吗？看看这套书中介绍的中国家具，既可以使用，又可以作为观赏艺术，其中还有东西南北的民间故事。明代家具已成文物，不仅历史长，而且工艺造型独特。今天的仿制品，虽几可乱真，但在行家眼里，依然无法超越古代匠人的手艺。现代的人是用手做的，古代的人是用心做的。当今高档商品房小区，造出了假山和溪水，让居民在窗口或阳台上感受到"小桥流水人家"，但是，远在历史中的诗情画意是用精神感悟出来的意境，都市里的人难以重见。

现代中国人的服饰水平，有时也会超过巴黎。但是，超过了又怎样呢？日本人的服装设计据说已赶上法国，韩国人超过了意大利。但是，中国服装特有的和谐，内在的韵律，飘逸的衣袖，恬静的配色，难以用评论家的语言来解释，只能够"花欲解语还多事，石不能言最可人"。

在实现现代化的进程中，我们千万不要忽视了自己的文化。年近花甲的韩国友人对笔者说，他解释中国的文化是"所有该有的东西都有的文化"，美国文化是"一些该有的东西却没有的文化"。笔者联想到这套"幽雅阅读"丛书，不就是对中国千年文化遗产的一种传播吗？感谢作者，也感谢编辑，更感谢留给我们丰富文化的祖先。

阅读好书，可以给你我一片幽雅安静的天地，还可以给你我一个好心情。

2004 年 12 月 8 日于北大蓝旗营

引言

　　在古代中国，从事歌舞表演、滑稽调笑、戏曲和说唱艺术等职业的人有一个独特的称谓，叫做"优伶"。

　　以"优伶"指称演员这一行业群体在古代中国大致有一个沿革的过程：大约在先秦时期，优和伶是有区别的，"优"指俳优和倡优，俳优专指滑稽调笑的一类艺人，倡优主要指以乐舞为业的艺人。伶也称之为"伶优"，多指演奏音乐的艺人，有时也指称制定乐律的乐师和掌管音乐事务的乐官。汉以来、宋之前，优、伶常常并称，是以歌、舞、乐和滑稽调笑为职业者的统称；宋元以来，随着戏曲艺术的日渐成熟，优伶又往往成了戏曲演员的专称。除"优伶"之外，中国古代称呼演员这一职业群体的还有"优人""伶人""乐人""乐官""伶官""倡优""俳官""散乐""行院""子弟""梨园子弟""路歧人"等等，但都没有"优伶"使用得那么广泛。

那为何在中国古代从事表演艺术的被称之为"优伶"呢？这得从语源上加以考订：《左传》襄公六年："宋华弱与乐辔少相狎，长相优，又相谤也。"杜预注："优，调戏也。"孔颖达《正义》："优，戏名也，《晋语》有优施，《史记·滑稽列传》有优孟、优旃，皆善为优戏，而以'优'著名。"可见"优"常常与滑稽、调笑相联系；又《说文解字》将"优"训为"倡"，而"倡""唱"在古书中相通，《礼记·乐记》："一倡而三叹。"故歌舞乃"优"之本然之义。"优"既可训为"调戏"和"倡"，则从事此类职业者即可称之为"优"，而先秦古优正是以歌舞调笑作为其基本职业内涵的。以"伶"作为从事音乐职业者（包括演出者、审音制律的乐师和掌管音乐事务的乐官）的专称是由传说中黄帝时代的乐官伶伦而得名，春秋以来，以"伶"（或曰"泠"，"伶""泠"相通）为姓氏的乐人在古籍中屡屡出现，如"伶州鸠"（《国语》）、"泠向"（《战国策》）、"泠悝"（《吕氏春秋》）等，汉颜师古注《急就篇》"泠幼功"："伶人，掌乐之官也，因为姓焉。"郑玄笺《毛诗·简兮》亦谓："伶官，乐官也，泠氏世掌乐官而善焉，故后世多号乐官为伶官。"中国古代把从事音乐、歌舞、滑稽调笑及后世戏曲、说唱艺术职业者称之为"优伶"大概源出于此。

"优伶"作为职业名称在古代中国延续了数千年，20 世纪以来，尤其是 20 世纪 50 年代以后，这一称谓慢慢淡出，已经不作为一个统一的名称了，取而代之的是"演员""艺人"，或者"表演艺术家"这些称呼。"优伶"之名称淡出演艺界其实也有其不得已的原因，因为"优伶"在中国古代不仅仅是一个指称独特群体的名词，而且作为一个"标记"，深深地承载了古代中国的社会文化内涵，凝聚着古代文化对优伶及其艺术的社会评判和价值定位。

中国古代优伶史是一部表演艺术创作的辉煌史，歌唱、舞蹈、音乐、杂技、戏曲、说唱，林林总总，精彩纷呈，是中国古代文化的一个重要组成部分，也是古代人生活中一个不可或缺的重要内容；但古代优伶史同时也是一部备受摧残、压抑的屈辱史，人们在观赏优伶艺术创造的同时又侮辱他们、作践他们，甚至他们的身体也可连带其所创作的艺术被当成馈赠的礼品或商品进行廉价的交易。三爱（陈独秀）谓："人类之贵贱，系品行善恶之别，而不在于执业之高低。我中国以演戏为贱业，不许与常人平等。"（《论戏曲》，《俗话报》1904 年第 11 期）"贱"无疑是古代优伶一个独特的、无法抹去的"印记"。如：

优伶的来源：在奴仆中选取，独立成为专供主人声色之娱的工具；把在战争和朝代更替中获取的俘虏降为优伶；将罪臣的妻儿降低身份，充任优伶；而大量的则来自于用金钱购买。

优伶的婚姻：古代优伶只能在自身团体中间寻找配偶，婚姻的缔结常常是内部自足，这种"内群婚配"的现象从血缘上切断了优伶与外部世界的联系，从而使优伶永远被禁锢在社会的底层。

优伶的教育：古代优伶没有受教育的权利，且以法规条文严格限制。科举考试不得参加，或变易姓名，侥幸参试，但一经查出，将绳之以法。不仅如此，优伶之子孙也被拒于科举的大门之外，即使将子孙出继他人，也终为下贱嫡系不得混行收考。

优伶的表演性质：古代优伶与大量观众之间有着人身依附关系，宫廷艺人是皇家的占有物，官伎是官府的享乐工具，家乐艺人类同于主人的奴婢，而民间戏班的职业艺人也是戏班主人的私有财产。这种依附关系决定了优伶的表演性质，那就是"供奉、承应和卖艺"。优伶与观众之间是一种非对等的"侍奉"关系。

凡此种种，都将古代优伶及其职业引向了一个残酷的现实，而由此，优伶及其表演艺术在中国古代也成了一个独特的"文化现象"：

在中国古代，优伶文化是一种"娱乐文化"，娱乐性是优伶文化的根本特性。供人娱乐、给人消遣是古代优伶最为基本的生存方式和存在依据，他们始终是以一种"娱乐工具"的形象出现在中国古代文化史上，以优伶为"玩物"、为"消遣物"的观念在世人心里根深蒂固，且引以为常理，故在世人的观念中，优伶是下贱的、低等的和无主体意识的。这种以"娱乐"为旨趣的特性还深深影响了对于优伶艺术的品鉴趣味，那就是对"声色"的追求，由此，优伶文化也呈现了在整个古代文化中的"点缀"性质。

优伶的美丽歌喉、曼妙舞姿及其角色创造和戏谑表演，人们并非不痴迷、不陶醉，甚至依恋他们、亲昵他们，但因了上述原因，优伶在中国古代呈现出了浓重的悲剧意味，一方面是大量的玩弄、摧残和扼杀，另一方面，历代优伶将逆来顺受和自卑自贱内化为自身的心理意识和行为准则更体现了深沉的悲剧性。

本书所要描述的就是这样一个独特群体。

书取名"梨花带雨"，乃"幽雅阅读"丛书的主持者所定。语出白居易《长恨歌》："玉容寂寞泪阑干，梨花一枝春带雨。"一个美丽而又幽怨的形象。借以表现优伶及其种种文化内涵，倒也现成又恰切。

本书以"人"为纲，选取自先秦至晚清具有代表性的 20 位著名演员为个案，对其生平和艺术创作详加描述，在对个体作分析的同时，力求以点带面，对优伶及其文化艺术的方方面面也顺带作一点分析介绍，如"优孟"一节附带古代优伶的"讽谏精神"，"李延年"一节带出对"优伶世家"的介绍等，并适当地将大致相近的优伶及其表现归拢在一起，以求读者诸君对古代优伶有一个相对完整的了解。

中国古代优伶延续数千年历史，内涵颇为丰富，但由于优伶地位之限制，留存的材料稀缺不全，且大多有着浓重的"传闻"意味。本书力求事出有据，但为了行文的需要，细节部分则作了必要的点染生发。[1]

---

[1] 本节内容请见孙崇涛、徐宏图：《戏曲优伶史》，文化艺术出版社 1995 年版；谭帆：《优伶史》，上海文艺出版社 1995 年版。

目录

『梨园妙曲齐阳阿，
衣冠优孟舞婆娑』

——说优孟

清人梁清标《蕉林诗集·雨中听梨园演黄孝子传奇》一诗生动描述了优伶表演的艺术感染力与情感渗透力："梨园妙曲齐阳阿，衣冠优孟舞婆娑。曲中哀怨一何多，四座闻之涕滂沱。"在我国古代戏曲史上，关于"梨园"一说始自唐玄宗，玄宗李隆基精通音律，擅谱佳曲，创设了著名的音乐教习与演出机构——梨园，故而一直以来被习惯地尊之为梨园之祖，后世亦通常以"梨园"指代戏曲行业。不过，若要论及中国戏曲演员真正的始祖，先驱者则并非唐玄宗或唐代众多的梨园子弟，而要继续上溯到更早以前，春秋战国时期出现的"优孟"才是公认的中国戏曲演员

之始祖，"优孟衣冠"则是中国最早的戏曲装扮。

关于优孟的生平事迹，司马迁《史记·滑稽列传》中有着较为详细的记载。优孟乃春秋时楚国优人，生活年代与楚庄王（公元前613—前590年在位）大致同时。优孟身高八尺，外形魁梧，仪表堂堂，而且滑稽调弄，机敏多智，常在谈笑中施以讽谏。

司马迁《史记》中记述了关于优孟的两件典型事例：

其一是"楚庄王与马"。说是楚庄王有一匹非常喜爱的马，每日让马儿享受着食物充裕、安逸舒适的生活，结果由于肥胖过度得病而死。庄王心疼不已，要求臣下按照大夫的礼仪为马装

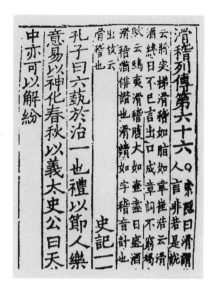

殓埋葬。朝中官员自然对此议论纷纷,然而庄王一意孤行,宣布若反抗命令者罪可致死。闻知此事,优孟未正面劝阻,而以大哭进谏:"马者,王之所爱也,堂堂楚国之大,何求不得?而以大夫礼葬之,薄!请以人君之礼葬之。"听及这番话,庄王幡然醒悟,明白了自己的想法过于荒唐,遂命人将马交给了主管宫中膳食的太官,以果众人之腹。

其二是"孙叔敖复活"。楚相孙叔敖死后,其子贫穷潦倒,以砍柴为生。优孟得知后,便穿戴上孙叔敖生时的衣冠,模仿其言行举止、音容笑貌,过了一年多,形容极为逼真。于是优孟前

往拜见楚王，楚王惊其奇似，以为孙叔敖复活，遂邀请其出任楚相。优孟细细诉说了不能担任楚相之理，道："孙叔敖之为楚相，尽忠为廉以治楚，楚王得以霸。今死，其子无立锥之地，贫困负薪以自饮食。必如孙叔敖，不如自杀。"此番话使楚王检点了自己的过失，"乃召孙叔敖子，封之寝丘四百户，以奉其祀。后十世不绝"。此即所谓的"优孟衣冠"。

在"楚庄王与马"这一事件中，优孟表现出了过人的机敏与智慧，他采取"先顺其所好，以攻其所弊"之欲扬先抑、欲擒故纵的讽谏策略，以夸张放大的说术，使楚庄王主动意识到所犯的错误，从而实现了规劝君王行事的目的。"孙叔敖复活"之例，更可见优孟为人之善良与执著，他对已故楚相之子加以援手，花费一年有余的时间充分准备，显示出沉稳睿智的特点，"优孟衣冠"之典故也为后人广为传颂。这两件典型事例的综合，形象生动地表现了优孟作为一名俳优伶人之勇担道义、善良正直的优良品质。

其实准确说来，中国历史上最早有姓名可考的优人并不是优孟，而是春秋时期晋国的优施。《国语·晋语二》对优施事迹有所记载，讲述了优施如何帮助晋献公夫人骊姬设计谋害太子申生，从而扫清障碍，使骊姬亲子奚齐继位。既然优施早于优孟载名史册，而且左近时代还有同样擅长调笑滑稽的淳于髡等人，那么值得玩味的是，为何在后人眼里"优孟"会取代"优施"等而成为整个戏曲演员群体的始祖呢？原因至少有三：就声名而言，楚国的优孟较晋国优施，名气要大得多，传播面较广；就人格品质而言，优施为人邪恶阴逆，为世人鄙弃；优孟则善良正义，获得了后代人的褒赞与颂扬；就后世戏曲演员来说，他们更愿意以优孟所显现的"道义"作为其职业的道德价值标尺，从而获得世人更多的理解和认可。

优孟崇尚正义、宣扬道德的精神内涵得到了大多数戏曲演员的承继传递，其以幽默、滑稽、调笑的娱乐表演进行讽谏的形式更是被一代又一代优人们发挥得淋漓尽致，展示了优伶艺术的社会政治功能，在一定程度上起到了干预现实的作用与意

义，可概言为"优孟精神"。

古来优人讽谏之例多矣。如秦时侏儒优旃以一句"多纵禽兽于其中，寇从东方来，令麋鹿触之足矣"（《史记·滑稽列传》），劝阻了秦始皇扩筑宫廷苑囿的意图；后唐敬新磨采取以退为进、正话反说的讽谏策略，通过责备县官不应令百姓种庄稼而应空出稻田来供帝王驰骋狩猎，警示了庄宗若要治理好国家，就要关心百姓，并对自己的行为进行约束检点（《新五代史·伶官传》），由于该故事强烈的趣味性，元人周文质还曾据之编成杂剧《敬新磨戏谏唐庄宗》。与敬新磨相类，以巧妙说术来暗示讽谏君王之不体恤民情者，还有南唐优伶申渐高。南唐烈祖升元（937—943）时，申渐高曾任教坊部长官，某日，烈祖宴饮北苑，问于侍臣："近郊下雨，而都城不雨，何故？"申渐高

应声道："雨怕抽税，不敢入京。"（《南唐书》）烈祖被引得哈哈大笑，遂下令除税，减轻百姓负担。

张扬"优孟精神"而敢于讥讽权贵的优伶在历史上亦大有人在，明代宫廷优人阿丑就是其中的典型。阿丑乃明成化时的太监兼俳优，对时政有着敏锐的洞察力。当时太监汪直颇得宪宗宠幸，势倾朝野，欺横霸道，文武百官对其所作所为敢怒而不敢言。一次，阿丑在宫中作戏，扮成一豪喝滥饮的醉汉寻衅谩骂，另一人假装呵斥"某官来了"，"醉汉"滥骂如故，又喝道"皇帝来了"，"醉汉"仍不以为然，身边一人突然喊"汪太监来了"，"醉汉"立即惊止，仓皇跪伏道左。旁边一人问曰："皇帝都不怕，为何独独怕汪太监呢？""醉汉"则道："我只知有汪太监，不知有天子。"（《明书·宦官传·阿丑传》）阿丑的表演揭示汪直权势显赫、一手遮天的嚣张，同时又暗示明宪宗如若再不及时制止汪直，国家将有危险。据说事后明宪宗意识到政权受威胁，逐渐疏远冷落了汪直。

"优孟"们以特殊的身份与特有的方式在不同程度上参与着国家的政治生活，但人们看到的往往只是其光鲜受宠、得行其愿的一面，事实上，在等级森严的封建社会，地位低下的优伶过问朝廷政治、讽谏拥有生杀大权的爵贵君王是件非常危险的事情，一步不稳，一语不慎，便会招来灭顶之灾。阿丑的确以其过人的睿智与见识，机敏巧妙地表现了对帝王政权的忠诚维护，因此也得到后代士人的褒赞。可是谁又能知道，掌控朝野的汪直在得知此事后不曾阴谋报复并置阿丑于死地呢？对此并无相关的历史记载，但就诸多泪痕点点、血迹斑斑的戏曲史料来说，因稍有触问朝廷政治而付出宝贵生命的优伶并不少见。比如，雍正皇帝一次看戏，演出的是明代徐霖所作传奇《绣襦记》中"郑儋打子"一出，剧情讲常州刺史郑儋因儿子郑元和沦为歌郎而一怒之下将其痛打几死的故事。演员的表演、唱腔都很不错，演出颇为成功，雍正帝亦龙颜大悦，下令赐食，而且还亲自询问了几句。获皇帝如此亲近，戏中扮演常州知府郑儋的演员受宠若惊，以致得意忘形，便随口问了一声："今常州太守为谁？"结果这句极为普通的问话招来了雍正的勃然大怒："汝优伶贱辈，何可擅问官守，其风实不可长。"于是，宴饮还未结束，这位演员就被拉至庭下活活打死了。（《啸亭杂录》）

由于"优孟"们的这种"讽谏精神"，卑微的优伶进入了史家的叙述视野，历代官修正史大多有《伶官传》来记载优伶们对时政的讽刺，但优伶们获得史家的青睐也仅止于此，他们大量的生活内容和艺术创作则付之阙如，这是令人遗憾的。

自古以来，关于"优孟"的诗文数不胜数，几乎历朝历代都有吟咏，如李益"巧为柔媚学优孟，儒衣嬉戏冠沐猿"（《汉

明·马轼《归去来兮图》（局部）

宫少年行》），刘禹锡"谑浪容优孟，娇怜许智琼"（《历阳书事七十四韵》），苏轼"不如老优孟，谈笑托谐美"（《次韵王定国谢韩子华过饮》），黄庭坚"岂以优孟为孙叔敖，虎贲似蔡中郎者耶"（《写真自赞》），刘克庄"莫是散场优孟，又似下棚傀儡，脱了戏衫还"（《水调歌头·八月上浣解印别同官席上赋》），蒋士铨"台中奏伎出优孟，座上击碟催壶觞"（《京师乐府词·戏园》），等等。从所引诸多诗词句中不难发现，优伶之滑稽调笑一直都是古代文人生活中一个重要的组成部分。在衣冠优孟的舞动中，文人们感受到了幽默、滑稽，体验到了谐趣、轻松，同时也找到了逃避生活烦恼、去除尘世忧愁的好去处。由此就深层意义来说，"优孟"与"优孟衣冠"之于文人，其实暗喻了一种世事如戏、人生如梦的生存态度。与佛教之遁世、道教之化仙相对，入戏之于非佛非道者有着更多的含义，亦真亦幻的戏曲表演可以让人体验真实生活难以体验的情感，可以让人实现现存境遇未曾实现的理想，几乎所有的爱与恨，恋与憎，无不可寄于三尺高台。

近代出色的京剧表演艺术家德珺如（1852—1925）的经历颇为传奇，也更具一种特殊的意味。这位出身权臣豪贵家族而最终"下海"的艺人于戏曲表演中领悟到了人生的真谛。德珺如以工小生闻名，代表剧目有《辕门斩子》《罗成叫关》等。据徐珂《清稗类钞》记载：

> 珺如为相国穆彰阿孙，以荫生内用，尝官某部主事，而其父与程长庚交甚挚。珺如既长，好与伶人游，唱青衫，歌反二簧，喉舌间，似奏笙簧细乐。及父卒，益放浪形骸，以客串为乐，遗产殆尽，各园主以其声调之足以左右座客也，遂劝之搭班，于是为伶人矣。有叔曰萨廉，字检斋，官至侍郎，止之曰："优伶，贱业也。吾家何堪为此？"珺如曰："吾日用至奢，叔能我助乎？倘能助我，将改业，如其未也，请许我自由。优亦营业之一，亦何尝辱及先人哉？叔必令余弃优而仕，试问今日之官之心理之才识，超出伶人之上者能

有几人？与其为龌龊之官吏，毋宁为完全之伶人，贵贱非所计也。"

德珺如之所以抛弃功名，背叛家族，脱离权贵生活，选择做"完全之伶人"，不仅仅出于他对戏曲艺术单纯的热爱，从史料中还可以看出他对衣冠优孟职业的认可、对优伶社会地位的肯定，以及对"优孟精神"惩恶扬善、正直超俗的赞扬。据说后来一友人还曾劝德珺如返家承袭爵位，他反问道："我在舞台上一身而兼帝王将相，威重一时，为何要回家？"友人提醒他："这戏中的帝王将相可是假的。"而他反驳道："那天下事还有什么是真的？"可谓一语惊醒梦中人！只有深入洞察、领悟了人世的种种，才能发出如此动人深省的言论。

古人云：天地一梨园。整个世界的运转变迁其实就像一个剧情丰富的连台本大戏，不同时代不同肤色的人都在扮演着各自不同的角色。还是康熙帝赐北京广和楼戏园那副对联写得好：

日月灯，江海油，风雪鼓板，天地间一番戏场；
尧舜旦，文武末，莽操丑净，古今来许多角色。

二

『可怜兄妹承新宠，未必风霜耐岁寒』

—— 说李延年

汉代有一首《佳人歌》："北方有佳人，遗世而独立。一顾倾人城，再顾倾人国。宁不知倾城与倾国？佳人难再得！"短小精悍，语词平易，悠远而唯美的意境自古以来令无数读者陶醉不已，唤起了代代士子的浪漫遐想。而这首诗的作者就是汉代乐人李延年。

李延年生卒年不详，主要活动于西汉武帝时期，中山（今河北定县）人。延年乃汉武帝时著名倡优，年轻时因触犯王法遭处腐刑，以"太监"的名义在宫内管犬，但他颇具音乐天赋，善歌舞，长于翻变旧曲、谱制新声，每每曲成，便得旁人喜爱，

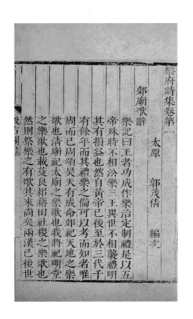

闻者莫不感动，为此，渐渐受到武帝的宠幸。一次宴席上，延年边唱边舞，为汉武帝表演了《佳人歌》，武帝闻之神往不已，转而又深怀叹息："善！世岂有此人乎？"平阳公主趁机举荐延年有一个妹妹貌若仙人，武帝龙颜大悦，立刻下令召见，果然"妙丽善舞"，便立为夫人，这就是史书中所记载的"李夫人"。由此，后人多认为《佳人歌》乃李延年特意为邀引其妹所作，以获得汉武帝的欢心。李夫人甚得武帝宠幸，还生下一男，是为昌邑哀王，由此李延年也益得器重，被封为协律都尉，负责乐府机构的管理工作，年俸禄二千石，一度势炽显贵，甚而"与上

汉武帝像

卧起，甚贵幸"（《史记·佞幸列传》）。

然好景不长，李夫人不久便病入膏肓，形容枯槁。武帝前往探望，李夫人不愿让其见到自己的衰毁之容，蒙被哭泣，再三嘱托，请求汉武帝照顾族人。汉武帝的确诚信履诺，以夫人兄李广利为贰师将军，封海西侯。

李夫人死后，汉武帝仍对其一往情深，一度还曾令方士作法现其原形，遥望其貌，悲思伤悼，谓："是邪，非邪？立而望之，偏何姗姗其来迟！"但尽管如此，宫内嫔妃众多，正所谓"但见新人笑，哪闻旧人哭"（杜甫《佳人》），更何况是已逝之

人，时日一久，汉武帝渐渐淡去了对李夫人的想念，对李姓的恩佑也日渐淡薄，并未让他们得势太久。由于李季奸乱后宫，李广利投降匈奴，李氏所犯的种种事端终于引发汉武帝的勃然大怒，杀戒大开，包括李延年在内的全部李氏家族都被残酷诛灭，正是一荣俱荣，一损俱损。（《汉书·外戚传》）

就李延年而言，能受封高官厚爵，这当然主要归因于他显赫一时的皇亲国戚身份，但他本人对于音律的精通，也的确足以胜任协律都尉一职。李延年常为诗赋大家司马相如等所作诗颂编曲，《汉书·佞幸列传》载："是时上方兴天地诸祠，欲造乐，令司马相如等作诗颂。延年辄承意弦歌所造诗，为之新声曲。"凭借过人的音乐才华，李延年还曾为宫廷《郊祀歌》配乐，获得很高的赞誉，《汉书·礼乐志》载："立乐府，采诗夜诵，有赵、代、秦、楚之讴。以李延年为协律都尉，多举司马相如等数十人造为诗赋，略论律吕，以合八音之调，作十九章之歌。"李延年又根据张骞自西域带回的《摩诃兜勒》曲，编制成"新声二十八解"，《晋书·乐志》云："胡角者，本以应胡笳之声，后渐用之，有双角，即胡乐也。张博望（按，张骞被封为博望侯）入西域，传其法于西京，惟得《摩诃兜勒》一曲。"李延年改编后的曲子，主要用于军队仪仗，所谓"乘舆以为武乐"（吴兢《乐府古题要解》），被后人视作汉代军乐横吹曲的代表作。从我国古代音乐史的角度来说，李延年对于西汉音乐的建设以及后世音乐的发展都有着重要的贡献。

不过，李延年在汉代士人眼里并没有多高的地位，虽有幸被列入正史，却不过是被史官贬作帝王身旁的佞幸之臣，《汉书·佞幸列传》谓："汉兴，佞幸宠臣……孝武时士人则韩嫣，宦者则李延年。"此处所及韩嫣，字王孙，为弓高侯韩颓当庶孙，与汉武帝乃自幼一起成长的伙伴，关系极密，汉武帝即位后，

韩嫣"益尊贵，官至上大夫……常与上共卧起"。但由于韩嫣过于跋扈，不将王室放在眼里，得罪了江都王刘非，又因其他种种事情，皇太后积怨在心，不顾汉武帝的求情，下令将韩嫣赐死。史家将李延年与韩嫣并提，源自他的宠臣身份与外戚权势，其实就其卓越的音乐成就来说，他有足够的理由成为汉代音乐史的代表人物，名正言顺地被载入史册。

李延年出身于倡优世家，他的父母、兄弟均以倡优为业，其妹李夫人入宫之前也是歌舞伎，这种卑微的家世与低下的出身是传统士人所不齿的；但对于李延年来说，正是因为生长于这种家庭环境中，自幼得到长辈的精心培养，处处感受着艺术的熏陶，加之频繁的艺术观摩与丰富舞台经验的积累等等，才使他的音乐才华逐步达到了近乎炉火纯青的艺术境界。可以说，李延年的音乐声名之所以能够流垂千古，以及其妹李夫人之所以能凭借妙丽舞姿获得圣上青睐，这些都与他们出生于梨园世家有着不可分割的联系。

关于"梨园世家"或曰"倡优家族"，在我国优伶史上是很常见的现象。翻开薄薄的一本《青楼集》，里面所录元代梨园家族比比皆是：诸如人称"顾四姐"的顾山山"本为良家子，因父而俱失身"，所嫁丈夫李小大亦是倡优乐人；宋六嫂，其父为"觱栗工张菊儿"，其夫亦是梨园子弟，"宋与其夫合乐，妙

入神品；盖宋善讴，其夫能传其父之艺"。另有"滑稽歌舞，迥出其流"的刘婆惜及其丈夫乐人李四，帘前秀与其夫末泥任国恩，"善杂剧"的李定奴与"杂剧亦妙"的丈夫帽儿王；有婆媳皆为优伶的，如周人爱与儿媳玉叶儿，"善拨阮"的孔千金与"善花旦"的儿媳王心奇；有母女皆为乐人的，如天锡秀与女天生秀，赵真真与女西夏秀，淮阳名妓李芝仪与女童童、多娇，为时人目为"温柔旦"的张奔儿与女李真童，俗称"张四妈"的张玉莲与诸女"倩娇、粉儿，数人皆艺殊绝"，等等。

在近现代戏曲界，世家梨园的现象更为普遍，而且大多声名远扬，譬如梅家，梅兰芳的祖父梅巧玲、父亲梅竹芬，均工旦角儿；伯父梅雨田，工乐，为琴师；梅兰芳，家族里最红的旦角儿；梅兰芳之子梅葆玖，亦工旦角儿；梅兰芳之女梅葆玥，工老生。又如谭家，第一代谭志道工老旦，其后谭鑫培、谭小培、谭富英、谭元寿、谭孝增，直至第七代谭正岩，皆工老生。又如茹家，茹莱卿、茹锡九、茹富兰、茹元俊，四代均工武生。又如杨家，杨隆寿、杨长喜、杨盛春、杨少春，四代也都是著名的武生演员。此外，又如豫剧大师常香玉与孙女小香玉（陈百玲）、评剧大师老白玉霜与养女小白玉霜，等等，他们大多堪称现当代戏剧界的领军人物，对我国戏剧事业的发展做出了卓越的贡献。

从社会发展的角度来说，"梨园世家"的出现并非只是一个简单的历史现象。除了主观意愿与兴趣喜好的袭传，在我国古代，很多"倡优之家"的背后其实还隐藏着种种不为人知的辛酸事实。

在我国早期社会，倡优处于奴隶地位，通常因为战败为俘或是犯了罪被罚贬为倡，故而当时全家为倡的现象也不足为奇。降至封建制度高度完善的明清时期，梨园世家、倡优家庭的大量出现，很大程度上是外界社会的束缚与限制在起着重要作用，其中最为突出的包括这两个方面：

其一，婚姻禁忌。我国古代传统婚姻关系的建立是以门第家世为基础的，这道无形而客观存在的界限注定了不同社会阶层之间难以缔结姻亲。为了生存，为了繁衍后代，处于社会底层的古代优伶往往形成"内群婚配"的习俗与制度，即主要在自身的团体与阶层中间寻找配偶，婚姻的缔结常常囿于群体内部，逐渐形成一个自足而特殊的小天地。王国维《古剧脚色考》谓："盖唐时乐工率举家隶太常，故子弟入梨园，妇女入宜春院，又各家互相嫁娶……梨园、宜春院人，悉系家人姻戚。"如果说唐代倡优乐人的结合更多受制于空间组织的约束，那么宋元以后，优伶间这种更为常见之婚姻关系的缔结则主要归因于外界社会的歧视与限制，如《元典章》载有这样两则"圣旨"："乐人只教嫁乐人，咱每根底近行的人，并官人每，其他的人每，若娶乐人做媳妇呵，要了罪过，听离了者。""是承应乐人呵，一般骨头成亲，乐人内匹配者。"

其二，科举禁忌。父母皆倡的结果本未必致使满门皆倡，但是科举禁忌的社会歧视却无情地促使了这一现象的产生。对于普通世人来说，科举本应是改变、提升自身社会地位的重要机会，然而历朝严明的科举制度阻断了世家优伶们的青云之路，《元史·选举志》明确规定："倡优之家，及患废疾，若犯十恶、奸盗之人，不许应试。"优伶与"患废疾"之人同列均不得参加考试，如果说，患废疾是肉体的缺陷者，那么，在制定法规者看来，优伶则无疑是精神上的缺陷者，这是何等的歧视！在古代戏曲史与科举史上，我们很难找到侥幸参加科举考试的伶人，但从明清一再申明的法律条令中可以推想，绝对不乏一些试图侥幸跻身士列的优伶，如明太祖朱元璋下诏："近来奸徒利他处寡少，诈冒籍贯，或原系娼优隶卒之家，及曾经犯罪问革，变易姓名，侥幸出身，访出拿问。"（《松下杂钞》）清顺治九年亦题准："娼优隶卒之家……侥幸出身，访出严行究问黜革。"（《学政全书》）

总的来说，主要由"内群婚配"习俗而产生的"倡优世家"并不是一种正常的社会现象，排除优伶内部本身所固有的"类聚"倾向，它更多的是因为古代封建文化对优伶的摧残和制度对优伶的压迫所直接造成的。

世事总是如此，存在不一定合理，但已经发生的事情、出现的事物必有其发生与出现的理由，而且，随着时间的推移与历史的积淀，它们的意义与价值也会得到更为客观而公正的认识。如今，重新审视梨园世家在戏曲史上的贡献，虽不可三言两语道尽，但有目共睹的是，这种世代相传、口耳相授的艺术承袭，为我国传统戏曲的发展培养了无数优秀的艺术人才，对于丰富表演流派、总结艺术经验起到了重要的作用。

遥叹两千多年前，李夫人临死前之所以对汉武帝苦苦请托，或许她已经意识到，自己死后李氏倡优世家的前途命运将摇摇

梨花带雨

欲坠、朝不保夕？对于李延年的遭遇，曾有人慨叹："可怜兄妹承新宠，未必风霜耐岁寒。"（夏仁虎：《旧京琐记》）在至尊无上的帝王眼里，权力永远重于人情，威严永远大过人命，这几乎是谁都无法回避的事实。

看来，绕来绕去还是绕不开这样一个话题，对于古代社会中地位低微的倡优而言，不论是否心比天高，不论是否享受到荣华富贵，其结果终究逃不过命比纸薄的命运，曾"与上卧起"的李延年不正是如此？

换一个角度看，李延年又是幸运的，因为音乐成了他生命的另一种形式在延续着。当夕阳西下，篝火燃起，《摩诃兜勒》新声再度吹响的时候，也许人们还会模糊记起这个汉代音乐的象征符 —— 李延年。如果未曾记得，不妨手把一支长笛，悠扬缥缈的《佳人歌》应该会勾起那段久远的回忆吧！

三

『日暮东风怨啼鸟，
落花犹似坠楼人』

——说绿珠

很少有人把她专作一名优伶来叙述，因为她早已成了"美人"的代名词，虽没能跻身古代"四大美女"之列，但她那动人的名字，传奇的故事，以及那绝望的纵身一跃，都在后世文人士子心中打下了一个解不开、忘不掉的情结。她就是晋代著名的歌妓——绿珠。

绿珠为西晋时人，出生于广西白州（今广西博白县）境内的双角山下，原姓梁，关于绿珠名字的由来，众说不一，其中两种说法具有代表性，一说是：白州古时习俗以珠为上宝，生女儿称珠娘，生男儿称珠儿，绿珠之名故得之（宋·乐史《绿

珠传》）；另一说是："女（绿珠）貌非常，而眉尤异，绿彩而鲜明，舒则长，蹙则圆如珠，故名曰绿珠。"（《太平广记》）总之，不论自何而来，"绿珠"都是一个动听且极容易唤起人想象的名字。

西晋太康年间，时任交趾（今越南）采访使的石崇途经广西博白，偶然遇见美貌绝世的绿珠，顿时惊慕不已，遂以明珠三斛（一说为十斛）易之，从此改变了绿珠的命运。石崇（249—300）字季伦，渤海南皮（今河北南皮）人，生于青州（今属山东），故得小名齐奴。石崇乃晋武帝司马炎重臣石苞之子，"少敏惠，勇而有谋"，年二十余即为修武令，又入为散骑郎，迁城阳太守，因伐吴有功，被封为安阳乡侯，拜黄门郎。后历任南中郎将、荆州刺史、征虏将军等官职。在西晋历史上，石崇以巨富闻名，据《晋书·石崇传》："苞临终，分财物与诸子，独不及崇。其母以为言，苞曰：'此儿虽小，后自能得。'"兴许是石苞已经相出儿子的富贵之命，日后石崇果真暴富。不过，石崇敛财的手段却不足为世人道，如其任职荆州刺史期间，"劫远使客商，致富不赀"（《石崇传》），以强取豪夺、横掳暴敛的方式积累了富甲连城的万贯家产。

绿珠天姿淑敏，加上石崇的精心调教，姿容才艺均日益精妙。绿珠颇通音律，善于吹笛，且善舞，尤其她的《明君舞》

石崇金谷诗叙

金以元康六年从太仆卿出五使将节
监青徐诸军事征虏将军有虑在河
南县界金谷涧中或高或下有清泉茂
林衆果竹柏药草之属莫不毕备又有
水碓鱼池土窟其为娱目散心之物备焉
时征西大将军王诩当还长安余与衆贤
遂往送涧中昼夜游宴屡迁其坐或登高
临下或列坐水滨时琴瑟笙筑合载车中道路
并作及住令与鼓吹递奏遂各赋诗以叙
中怀或不能者罚酒三斗感性命之不永
惧凋落之无期故列叙时人官职姓名年纪
又写诗著后之好事者其览之哉

辛未岁九三晋祥书

（此"明君"即指王昭君，因避晋太祖司马昭讳而改名）曼妙优
美，摇曳多姿，令人叹誉不绝。她容貌超凡，性情娴雅，善承人
意，故而在如云美妾之中，石崇独独对绿珠尤为珍视。为了消除
爱妾的思乡之情，石崇斥巨资命人在河南洛阳城西的金谷涧中
修筑了"金谷园"。并在园中建百丈高楼，谓"崇绮楼"，供绿
珠独住，据说登此楼可"极目南天"，楼内饰以琥珀、珍珠、玛
瑙，珠光宝气，金碧辉煌。自建成之后，金谷园成为爵贵士子的

驻足之所，"送者倾都，帐饮于此焉"（《石崇传》）。

　　为巩固自己的权势地位，石崇攀附上了当朝一个重要人物，"窃玉偷香"的韩寿之子、晋武帝宠臣贾充的亲外孙、晋惠帝皇后贾南风的亲外甥——贾谧。因有椒房之亲，并承袭外祖之爵，贾谧权势熏天，有呼风唤雨之能，更由于他爱好诗文风雅，当时吸引笼络了一大批文人士子。以贾谧为发起者，石崇与名士陆机、陆云、左思、潘岳等经常在金谷园中诗文唱和，纵情宴游，结成了享名一时的"金谷二十四友"。每逢金谷雅集，石崇便在园中大摆宴席，令绿珠精心装扮一番，献舞助兴，觥筹交错之间，一片笙歌欢颜。对此，庾信咏道："兰堂上客至，绮席清弦抚。自作《明君》辞，还教绿珠舞。"（《石崇金谷妓诗》）"二十四友"之一的潘岳有《金谷集作诗》，详细描绘过金谷园会，云："王生和鼎实，石子镇海沂。亲友各言迈，中心怅有违。何以叙离思，携手游郊畿。朝发晋京阳，夕次金谷湄。回溪萦曲阻，峻阪路威夷。绿池泛淡淡，青柳何依依。滥泉龙鳞澜，激波连珠挥。前庭树沙棠，后园植乌椑，灵囿繁石榴，茂林列芳梨。……春荣谁不慕？岁寒良独稀。投分寄石友，白首同所归。"由此不难想象金谷园昔日的美景，不过，潘岳作诗时定然没有料到，末二句"投分寄石友，白首同所归"，竟会成为日后二人之谶语。

三　"日暮东风怨啼鸟，落花犹似坠楼人"

每次雅集，绿珠的天姿国色令宴饮者惊为天人，其柔丽奇美的舞姿更是摄人心魄，让众人流连忘返，一时间，绿珠的美名天下流传，引得无数士子的倾心。然而，良辰美景奈何天！完美的背后往往暗藏危机。对于绝世难求的尤物，很多人都潜心期盼，暗暗等待，孙秀便是如此。孙秀字俊忠，琅玡（今属山东青岛）人，出身寒门，原在潘岳门下任小吏，因故被赶，后投奔司马伦，由于逢迎谄媚，狡黠多谋，很快成为赵王司马伦的心腹与亲信。自从在金谷园中见到绿珠，孙秀日思夜想欲夺之，时机终于到来。随着皇后贾南风倒台，骄横一时的贾谧旋即被诛，石崇依附的靠山在一夜之间崩塌，他与同党均被免官。一日，石崇正与群妾在金谷园中歌舞宴饮，孙秀差人前来索要美人，石崇叫出数位娇艳美妾，对使者说："随便挑。"但使者公然道明来意：虽个个美人，要的只是绿珠。石崇勃然大怒，断然拒绝。得知此事，孙秀气恨不已，力劝专权的赵王伦矫诏杀掉石崇。当追捕的人马前来金谷园时，势单力薄的石崇倍感穷途末路，对着绿珠怨叹道："吾今为尔得罪。"绿珠伤痛至极，泪流不止，道："愿效死于君前。"瞬间，绿珠坠楼而死，其后石崇亦为乱兵杀于东市。据说石崇被杀当日，与孙秀构有旧怨、并参与了宫廷权力纷争的潘岳亦得死罪，石、潘二人于刑场会面，正应验了"白首同所归"的谶语。

古语有云：祸福无门，唯人所召。从表面上看来，石崇之祸乃因绿珠而起，然而他其实早已为自己埋下了祸根：他以强抢明夺乃至杀人越货发家致富，且还因劝酒不力便随意斩杀美妾，诸般所作所为已属猖狂、凶残，非王法所能容；他争强好胜，为人太过张扬，无论是在迎接晋武帝时，令仆人着与晋武帝一样的火浣布（《耕桑偶记》），还是与帝王舅父王恺争奇斗富，都已目空一切、欺君犯上；另外，他骄奢淫逸，显财露富，甚至将心爱的绿珠作为宝物与众人同欢共赏，这又怎会不招致他人的羡慕、妒忌乃至怨恨！对于绿珠、石崇的遭际，有人说过这样一番话："崇心不义，举动杀人，乌得无报也。非绿珠无以速石崇之诛，非石崇无以显绿珠之名。绿珠之坠楼，侍儿之有贞节者也。"（宋·乐史《绿珠传》）

绿珠的一生是绚烂的，她骄人的容貌与出色的才艺赢得了无数文人雅士的仰慕与喝彩。而从与石崇之间的情爱来看，绿珠也可谓得遂其愿，美妾成群且杀人不眨眼的石崇偏偏对她情有独钟，这是金谷园中多少女人深羡的。且石崇本人亦并非徒知佳酿美色的作乐之人，从善的一面来看，他其实有充分的条件可以成为一个理想的伴侣：姣好的外形，其父石苞（字仲容）便是当时著名的美男子，人称"石仲容，姣无双"，想必石崇的容貌亦当不俗；通音律，有"自作《明君》辞，还教绿珠舞"为证；腹有诗书才学，《晋书·裴楷传》谓："石崇以功臣子有才气。"《晋书·石崇传》也说他："在郡虽有职务，好学不倦，以疾自解。"郭茂倩《乐府诗集》卷二十九《相和歌辞》录有其《王明君》，诗云："我本汉家子，将适单于庭。辞诀未及终，前驱已抗旌。仆御涕流离，辕马悲且鸣。……朝华不足嘉，甘与秋草并。传语后世人，远嫁难为情。"语词悲凄，于柔弱无奈中流露悲愤之慨。可见，石崇不仅是一个善积钱财的豪强、长于带兵出征的武夫，还应当是一名颇通笔墨、雅好音乐且极会享受生活的风流雅士。能得其如此眷顾，对绿珠来说又怎能说不是一件幸

事？然而，就一个渴望生命、追求生存权利的女人来说，绿珠一生却是悲哀的。当年，不谙世事的她跟随石崇背井离乡，对外面的世界怀有多少美好的憧憬与幻想！然而，绚烂与繁华过后，生命骤然谢幕。从临死前那壮烈的一跳中，我们可以想象到绿珠的绝望与悲凉该有多深，作为一名歌伎，作为一只笼中鸟，为了报恩，为了贞节，她无法选择归宿。

绿珠以后，唐代亦发生过类似的悲剧：武后专权年间，左司郎中乔知之有一侍婢名叫窈娘，窈娘姿容秀丽，端庄娴雅，而且能歌善舞，乔知之宠爱不已。武承嗣见后亦颇得欢心，遂夺

人所爱，据为己有。乔知之既惋惜又怨恨，遂作《绿珠篇》一诗托人密送给窈娘，窈娘读后感愤自杀，而乔知之亦被武承嗣罗织罪名处死。（《旧唐书》卷一九〇）唐·孟棨《本事诗·情感第一》载有此诗，兹引如下：

石家金谷重新声，明珠十斛买娉婷。

昔日可怜君自许，此时歌舞得人情。

君家闺阁不曾难，好将歌舞借人看。

富贵雄豪非分理，骄奢势力横相干。

别君去君终不忍，徒劳掩袂伤红粉。

百年离别在高楼，一旦红颜为君尽。

通过怀悼为报主人之恩而坠楼的绿珠，乔知之在诗中有意比照了窈娘在武府的苟且富贵，尤其末二句，虽无字面上的责备，却暗讽窈娘居势豪人家而忘旧恩，不及绿珠之重情重意，结果导致了"窈娘得诗悲惋，结于裙带，赴井而死"的悲剧。唐代还有一位名叫孟才人的可怜女子。孟才人是一名宫廷歌伎，深受武帝李炎喜爱，武帝临死前，逼问孟才人：我死之后，你怎么办？意思很明确，希望孟才人殉葬。听此话语，仍值美貌青春的孟才人心惊胆战又万分悲痛，无奈之中只能道出她将自缢而相追随。为遣伤怀，孟才人绝望地唱了一首《何满子》，语调极其凄凉哀怨，唱毕便倒地身亡。孟才人之死留给了世人无限感慨，唐人张祜有《孟才人叹》："偶因歌态咏娇嚬，传唱宫中十二春。却为一声何满子，下泉须吊孟才人。"又有宫词《何满子》云："故国三千里，深宫二十年。一声何满子，双泪落君前。"命是他人的，自己连活下去的权利与自由都没有，生便是叛逆，死才是报恩，这可谓是许多古代家伎共同遭遇的悲惨人生。自古以来，历史上的优伶也大多如此，生命似草芥，任意地随人凌辱、践踏，任意地被人残害、压迫，在这些香消玉殒的凄惨故事中，在一桩桩、一件件命

梨花带雨

运多舛的优伶故事里，无不浸透着残忍、血腥与暴力。

对于绿珠的传奇故事，后世文人多生感慨，歌咏图画不绝如缕。我国古代收藏最早的年画——南宋木刻年画《隋朝窈窕呈倾国之芳容》（称"四美图"）中的四大古代美人之一就是绿珠，又如东晋史道硕与清代华嵒等人的《金谷园图》，以及现代画家黄均的《绿珠坠楼》等都运用了丰富的想象与色彩来讲述有关绿珠的故事。就小说而言，牛僧孺《周秦行纪》载有绿珠之事，然语多诡怪，恐难属实。在戏曲文学中，有感于绿珠的遭际，元代著名杂剧家关汉卿创作了《绿珠坠楼》，该剧全名《石崇妾绿珠坠楼》，另名《金谷园绿珠坠楼》，《录鬼簿》《太和正音谱》中均有著录，惜早佚。若要论及戏曲舞台上的绿珠，应当提到现代京剧名家徐碧云。徐碧云（1903—1967）祖籍苏州，生于北京，乃清末名小生徐宝芳之子，京胡圣手徐兰沅之弟，梅兰芳的妹夫，擅长旦角儿，尤工武旦，深得武旦名宿九阵风（阎岚秋）好评。代表剧目有《绿珠坠楼》《萧观音》及前后部《玉堂春》等，这些戏文武、翻跌繁重，其中尤以《绿珠坠楼》最受观众青睐，演出时，能从三张桌子之上翻下。在旧上海，徐碧云的武功、筱翠花（即于连泉，工花旦）的做功、黄桂秋的唱功一度被时人称作"三绝"。据说，当年与梅家相亲之时，徐碧云演的就是《绿珠坠楼》一剧，深得梅小姐夸赞（毕谷云：《徐碧云"坠楼"相亲》,见《梨园周刊》)。在诗词文学史上,历代关于咏叹绿珠的词句更是不绝如缕。如庚信《和赵王看妓》:"绿珠歌扇底,飞燕舞衫长。"骆宾王《艳情代郭氏答卢照邻》:"莫言贫贱无人重,莫言富贵应须种。绿珠犹得石崇怜,飞燕曾经汉皇宠。"李清《咏石季伦》:"金谷繁华石季伦,只能谋富不谋身。当时纵与绿珠去,犹有无穷歌舞人。"又如《红楼梦》中林黛玉《绿珠》:"瓦砾明珠一例抛,何曾石尉重娇娆。都缘顽福前生造,更有同归慰寂寥。"

据说绿珠死后,其乡人悲伤惋惜不已,为了纪念她,广西博白绿萝村为绿珠建了一座祠庙叫绿珠庙,庙前的江被称为"绿珠江",村井也被改名为绿珠井。至于曾经盛极一时的金谷园,在石崇、绿珠死后就已经败落了,一千多年后的今天更是荒草满地,旧迹难寻,正所谓"人似秋鸿来有信,事如春梦了无痕"。历史的尘土已经掩埋了昔日热闹喧嚣的金谷园,也掩埋了与金谷园有关的一切风流,留给后来人的,除了挥之不去的丝丝感伤,还有那关于繁华的无尽想象。杜牧《金谷园》诗咏得恰切:

> 繁华事散逐香尘,流水无情草自春。日暮东风怨啼鸟,落花犹似坠楼人。

四

『且看参军唤苍鹘，
京都新禁舞斋郎』

——说黄旛绰

　　唐玄宗时，中书令张说在一次封禅泰山时被任命为封禅使，按照旧例：封禅后，自三公以下，朝廷文武百官皆迁转一级，并且大赦天下，以示皇恩浩荡。张说女婿郑镒原本是小小的九品官员，然得张说之力，一夜之间骤升为五品，兼赐绯服。玄宗见郑镒官位腾跃如此之快，甚感奇怪，问之，镒无词以对，此时一人应声道："此乃泰山之力也。"赢得知情人笑声一片。自此，"泰山"便成了妻父的专称，而故事中一语双关道出事实真相而成就一桩典故的那位人物，就是唐代有名的参军戏演员黄旛绰。

清·华嵒《万壑松风图》

黄旛绰一作"黄幡绰"，乃唐玄宗时的宫廷艺人，生卒年不详，据诸多史料推测，黄旛绰大概生活于开元左近，经历了安史之乱，侍奉过唐玄宗李隆基多年。黄旛绰颇通音律，唐人南卓《羯鼓录》谓"黄幡绰亦知音"，明代戏曲家魏良辅《南词引证》在谈及昆曲的起源时曾道："惟昆山为正声，乃唐玄宗时黄幡绰所传。"黄旛绰尤善拍板，段安节《乐府杂录》载云："拍板本无谱，明皇遣黄幡绰造谱。"清洪昇《长生殿》第十四出《偷曲》中亦有"黄家幡绰板尤精"一句。不过，黄旛绰的才艺并不仅限于音乐曲律，在戏曲表演上有着更为过人的天赋，《乐府杂录》谓："开元中，黄幡绰、张野狐弄参军。"黄旛绰幽默风趣，他"弄参军"之伎在开元盛时数一数二，主演的参军戏滑稽调笑意味极浓，形神俱肖，令人捧腹，表演盛名一度闻传宫廷内外，《全唐诗》中还收录了他颇具调笑谐趣的《嘲刘文树》一诗："可怜好个刘文树，髭须共颏颐别住。文树面孔不似猢狲，猢狲面孔强似文树。"

　　参军戏是一种颇具讽刺意味的滑稽小戏，既有插科打诨，亦有歌舞曲乐，是我国戏曲的早期艺术形态之一。就表演形式来看，一般认为参军戏始于汉代，据段安节《乐府杂录》记载：东汉和帝（79—105）时，馆陶令石耽利用职权贪污犯律，和帝颇惜其才，免其死罪，但为了让石耽吸取教训，每有宴饮，便

四 "且看参军唤苍鹘，京都新禁舞斋郎"

命优伶戏弄羞辱他，一年后才取消该处罚，而这种处罚形式却成了后世参军戏的前身。与之类似，《赵书》亦有典故记载：后赵高祖石勒（274—333）在位时，任馆陶令的参军周延贪纳官绢数百匹而下狱，因其乃赵高祖属官，得以免除死罪。但为儆示臣下，周延此后便被安排成为伶人嘲弄讥讽的对象。每次行宴之前，由优伶身着黄绢薄衣上场，一优人问："你是何官，怎么混迹于吾辈之中？"周延道："我本为馆陶令，就为这……"说着抖了抖身上的黄绢衣，"只好到你们这里来了"，引得君臣哄笑一堂。衍至唐代，参军戏的名目确立，表演程式亦固定成熟，其中被嘲弄者称为"参军"，嘲弄者称为"苍鹘"（按，苍鹘本指一种凌厉的大鸟），演出时两个主角展开讽刺趣味性的滑稽问答，互为捧哏，包袱一出而哄笑满堂，此外还有歌舞表演，弦管曲乐穿插全场，气氛嬉乐欢闹。

唐宋时期参军戏发展繁荣，陆游《春社》有云："太平处处是优场，社日儿童喜欲狂。且看参军唤苍鹘，京都新禁舞斋郎。"（按，"舞斋郎"乃一种逗乐舞蹈，周密《武林旧事》有载录）尤其唐代，出色的参军戏演员数不胜数，黄幡绰便是其中的佼佼者。唐李濬《松窗杂录》、李德裕《次柳氏旧闻》中记载了不少关于黄幡绰的故事，从中可以窥见其滑稽讽谏之特色：

"丞相善马经"。唐玄宗好马，但宫内马厩中并无特别称意

四 "且看参军唤苍鹘，京都新禁舞斋郎"

者，不由自叹："我一直以来希望得到一匹好马，不知谁人通马经。"黄幡绰奏云："我知道。当今的三位丞相均通马经。"玄宗云："除了政事与才学，我从未听说过他们竟然还通马经，你是怎么知道的呢？"黄幡绰一本正经答道："我日日在沙堤上，见丞相们所乘之马皆为好马，故而猜想他们必是精通马经。"博得玄宗大笑。黄幡绰此番话讥刺了当时的朝廷高官生活奢靡无度，同时也警示了玄宗。

"喷帝"。玄宗与诸兄弟颇相友爱，在一次共同进餐时，宁王李宪不小心打了个"错喉"（按，喷嚏），直接喷到了玄宗脸上，宁王惊慌惭愧而伏地请罪。一旁的黄幡绰赶紧解释道："刚才宁王不是错喉，而是'喷帝'（按，喷嚏），是在赞美圣上您呢！"玄宗龙颜大悦。黄幡绰以其灵活机敏及时化解了一次可能酿成恶果的尴尬场面，既维护了玄宗地位的圣严，同时又弥补了宁王在礼节上的闪失，实在是机巧之极。

上引两个典故都表现了黄幡绰利用巧妙的语言艺术，以达到或讥讽时弊，或滑稽调笑转化矛盾的目的，在这些生动的记载中，黄幡绰的表演才能与反应能力亦显露一斑。对于黄幡绰的机智表现，唐人赵璘在《因话录》中赞道："幡绰优人，假戏谑之言警悟时主，解纷救祸之事甚众，真滑稽之雄！"

身为帝王宠幸的优伶，黄幡绰之技艺出众、机智超凡自不

待说，他之所以能平安顺利且长久地待在唐玄宗身旁，很大程度上归功于他敏于察言观色，尤其善于细细揣摸并准确把握帝王的心意。有一次黄幡绰因故触怒了唐玄宗，玄宗命人将他的脑袋按压在水里，待其忍受不了时再把其脑袋提起来，以示惩罚。出水后，玄宗问其感受如何，黄幡绰道："向见屈原笑臣：'尔遭逢圣明，何亦至此？'"屈原遭逢了昏庸的楚王而悲愤投水，作为一个明君，唐玄宗当然明白他的意思，大笑之余，怒气很快就消了。

据说又有一次，唐玄宗命人召黄幡绰进宫奏乐，但黄幡绰未按时前来，玄宗大怒，命人四处搜寻。黄幡绰到后，先制止侍从上报，独自躲在一旁暗暗等待。等玄宗奏过一曲又起一曲，乐音由激怒渐趋舒缓，猜想玄宗的怒火已消，才赶紧步入殿中。玄宗问道："哪里去了？"幡绰答："送亲故直到郊外，所以来迟了。"玄宗道："幸亏来得迟，你要是在我发火的时候来，一定会挨打。刚才我也想到，你入宫供奉的时间已久，暂有一日出外也是应该的。"正当幡绰叩头谢恩之时，内宫侍从窃笑失声，在玄宗诘问之下，侍从将黄幡绰早到而于殿外闻听鼓声、候时入见之事和盘托出，玄宗惊奇之余而怒道："我心脾肉骨下事，安有侍官奴闻鼓能料之耶？今且谓我何如？"黄幡绰走下台阶，面北鞠躬大声道："奉敕：竖金鸡！"玄宗大笑而罢。"竖金鸡"乃唐代大赦天下的一种仪式制度，通常为：择以时日，竖长杆，顶立金鸡，集罪犯，击鼓宣读赦免公文。黄幡绰引用此语，表明知道玄宗想赦免他，可见其对玄宗的脾性是何等熟悉，由此亦可想见黄幡绰在赏音品律知人方面的造诣确实了得！

安史之乱爆发后，玄宗带着杨贵妃仓皇出逃，宫廷教坊中的许多优伶皆落入安禄山之手，黄幡绰亦未能幸免。除了狡黠应对、苟且臣服，像黄幡绰这类地位底下、几同"玩物"的优伶们别无他处容身。凭借自己三寸不烂之舌，黄幡绰获得了安禄山的欢心，仍旧在宫中自由出入。然而不久，长安又被唐军收复，黄幡绰以叛徒的身份被捆绑至唐玄宗面前，念其敏捷可人，玄宗下令释之，但旁人举发了黄幡绰在安禄山伪政权时的种种行迹，对此，任半塘《唐戏弄》有所摘录：

> 有于上前曰："黄幡绰在贼中，与大逆圆梦，皆顺其情，而忘陛下积年之恩宠。禄山梦见衣袖长，忽至阶下，幡绰曰：'当垂衣而治之。'禄山梦见殿前橘子倒，幡绰曰：'革故从新。'推之，多类此也。"幡绰曰："臣实不知陛下大驾蒙尘赴蜀。既陷在贼中，宁不苟悦其心，以脱一时之命？今日得再见天颜，以与大逆圆梦，必知其不可也！"上曰："何以知之？"对曰："逆贼梦衣袖长，是出手不得也，又梦橘子倒者，是胡不得也。以此臣故先知之。"上大笑而止。

引文中的"胡不得"本应作"糊不得"，谐音作"胡不得"暗示安禄山乃胡人夷狄，得不到大唐江山。同样一个梦，在黄幡绰口中却可以听到两种截然不同而可自圆其说且滴水不漏的解释，令人不得不感叹其反应之灵敏。

　　作为古代宫廷优伶的典型，黄幡绰以出色的才技受到了帝王的青睐，雄步当时，留名后代，这是许多寻常优伶所不能梦想的。但同时，作为君主身旁的一名宠伶，黄幡绰亦遭遇了许多优伶所未曾遭遇过的尴尬境况，凭借过人的聪敏机智，黄幡绰一次次化险为夷，不过也正因他屡次进退皆得其所的圆滑老练，为他自己添了不少狡黠讨巧甚而失节不忠的嫌疑。在注重气节的传统文人士大夫看来，江山几近改姓的国难之时，无论其诒事安禄山是否权宜之计，他与怒斥安禄山而遭杀身的乐工雷海青相比，只能算是一个优秀的参军戏演员，一个极具机敏智慧与幽默感的俳优，但怎么也算不上是一个品格高尚、气节忠贞的伶人。这或许是黄幡绰一生最大的遗憾！

与黄幡绰同时，唐代宫廷中擅长参军戏的优伶还有张野狐、李仙鹤等人。张野狐生卒年不详，才艺出众，不仅善弄参军戏，还擅长弹筚篌，吹觱篥，尤其觱篥技艺堪称绝活，在当时的梨园子弟中号称第一。玄宗因乱入蜀时，张野狐一路跟随，曾应玄宗之命制《雨霖铃》曲，据说该曲旋律荡气回肠，婉曲幽怨，直逼人肺腑，催人泪下。诗人张祜特为之作《雨霖铃》一首，谓："雨霖铃夜却归秦，犹是张徽一曲新。长说上皇垂泪教，月明南内更无人。"据此，很多人认为张野狐本名张徽。李仙鹤生卒年不详，据《乐府杂录·俳优》载云："开元中有李仙鹤善此戏（即参军戏），明皇特授韶州同正参军，以食其禄。是以陆鸿渐撰词云'韶州参军'，盖由此也。"

此外，唐代还有不少女参军戏演员，唐人薛能《吴姬》一诗可以为证："楼台重叠满天云，殷殷鸣鼍世上闻。此日杨花初似雪，女儿弦管弄参军。"这其中，唐穆宗时的女伶刘采春最值得称道。采春乃越州人（今浙江绍兴人），有文才，与薛涛、鱼玄

金墓乐床（砖雕）

机、李冶一起被人并称为"唐代四大女诗人",《全唐诗》收录了她的《啰唝曲六首》。作为一名优伶,刘采春姿容秀丽,音色清亮,擅演参军,尤精演"陆参军"。由于常随丈夫周季崇(亦为著名参军戏伶人)四处演出,刘采春的声名一度传扬天下,她不仅装扮可人,且歌声响彻云霄,令观者无不动容。元稹曾观赏过刘采春的表演,有《赠刘采春》一首予以赞美:"新妆巧样画双蛾,谩里常州透额罗。正面偷匀光滑笏,缓行轻踏破纹波。言辞雅措风流足,举止低回秀媚多。更有恼人肠断处,选词能唱望夫歌。""望夫歌"即《啰唝曲》,据范摅《云溪友议·艳阳词》载:"采春一唱是曲,闺妇行人莫不涟泣",可想其技艺之高!

优秀参军戏演员的不断出现推动了唐代参军戏的繁荣,同时也为宋元杂剧艺术的发展与成熟奠定了深厚的基础。从这个角度来说,黄幡绰等参军戏优伶不仅为他人的生活内容增添了无限的乐趣,而且丰富了戏曲的艺术形式,促进了戏曲艺术的整体发展。

就黄幡绰个人而言,搬演逗笑并不是其生命意义的全部,像他那样的宫廷优伶,尽管出色的才艺受到了最高统治者的认可,得以扬名史册,但生活的无奈与苦衷却无处不在:侍奉帝王时事事须慎重,处处受约束,且步步得小心,一着不慎便生命不保,这其中的得失冷暖,便恰如人饮水冷暖自知。正所谓

"人前尽扮千般乐，事后空留半世愁"。年华正茂时得到帝王的无尽宠爱，但结局多半是流落民间，与曾经众所拥簇的辉煌热闹相比，两鬓斑白之时大都只剩下无奈的苍凉。参军戏是逗乐的，然黄幡绰等逗弄的是他人之乐，帝王之乐，宫廷优伶的身份注定他的生存是攀附与动荡不定的。

晚年，黄幡绰流落江南，葬于昆山，他的坟冢后人称为"绰墩"，多少有点纪念的意味。然昔日所享之荣宠却早已被经年的风雨剥蚀得干干净净，唯有他滑稽调笑的声名留传不绝，以致后来许多在滑稽逗笑方面出色的演员都被称为"黄幡绰"，成了我国表演艺术史上"幽默调笑"的代名词。

五

『莫向南山轻一曲，千金原是永新人』

—— 说许和子

　　某日，唐明皇赐宴于勤政楼，命梨园子弟在广场上奏乐助兴，还安排了百戏表演。帝王赐宴，当凛守礼仪，以尊皇家威严，然而观看之人委实太多，鼎沸人声淹没了梨园乐声，场面几近失控。见此场景，唐明皇极为不悦。在这关键时刻，高力士向明皇启奏：若请一位女歌者出楼歌一曲，必可止喧。唐明皇答应了。于是，这名歌者缓缓走近楼前，"撩鬓举袂，直奏曼声"，顿时，整个广场"寂寂若无一人"，"喜者闻之气勇，愁者闻之肠绝"，所有人都被她的歌声深深打动、深深吸引。（段安节：《乐府杂录》）

这名歌者就是唐代著名优伶许和子，她另一个更为人熟知的名字叫永新。许和子，吉州永新县（今属江西）人，出身乐工世家，容貌美丽，聪慧多识，尤其善于歌唱，且能将旧曲目创变出新的唱法。开元末选入宫中，此后便得"永新"之名，入籍宜春院。宜春院，乃唐代宫廷梨园女弟子居住的院所，《新唐书·礼乐志》卷十二载："玄宗既知音律，又酷爱法曲，选坐部伎子弟三百，教于梨园……宫女数百，亦为梨园弟子，居宜春北院。"崔令钦《教坊记》说得更具体："妓女入宜春院，谓之'内人'，亦曰'前头人'，常在上前头也。"进入宜春院，许和子有了频繁的机会御前侍候，尤其自勤政楼宴事之后，她的歌唱技艺令唐明皇龙颜大喜，由此备受宠幸。

许和子的唱功实在非凡了得！每遇秋高月朗之夜，云淡星稀，台殿清虚，周遭空旷幽静，她便站于高处，只需清亮地喉啭一声，便可响彻九陌，穿过宫闱，传至遥远的皇城之外。有一次，唐明皇为了检验许和子的歌唱水平到底高至哪个层次，独召宫内的长笛高手李谟吹笛《逐其歌》，与许和子二人一个伴奏逐唱，一个引吭高歌，希图一决高下，结果曲终之时，李谟的笛管忽然爆裂，许和子却并无一丝异于寻常。人之歌声居然可以达到此般境界，确乃妙极！难怪乎，一直以来，人之"歌"都被认为胜过自然之"乐"，《礼记·郊特牲》即谓："歌者在上，匏竹在下，贵人声也。"唐人段安节亦慨叹："歌者，乐之声也。故丝不如竹，竹不如肉，迥居诸乐之上。"（《乐府杂录》）可以说，许和子的出色演唱正是对此最好的注脚。

言及许和子永新，自然不能不提及念奴，因为她们同是唐明皇一度宠幸的歌伎，也都是众人非常喜欢的歌者。念奴亦擅长歌唱，且名冠一时，《开元天宝遗事》道："念奴有色善歌，宫伎中第一。"元稹《连昌宫词》中对念奴有这样一番生动的描述：

梨花带雨

牡丹庭院又春深一寸
光阴万两金拂曙起来
人解只缘难放惜花心
唐寅

五 "莫向南山轻一曲，千金原是永新人"

夜半月高弦索鸣，贺老琵琶定场屋。力士传呼觅念奴，念奴潜伴诸郎宿。

须臾觅得又连催，特敕街中许然烛。春娇满眼睡红绡，掠削云鬟旋装束。

飞上九天歌一声，二十五郎吹管逐。逡巡大遍凉州彻，色色龟兹轰录续。

色艺出众的念奴，其名字还被后人当做善歌美妓的代名词，柳永《木兰花》词云："解教天上念奴羞，不怕掌中飞燕妒。"李廌《品令》一词则叙述得更是风趣："唱歌须是，玉人檀口，皓齿冰肤。意传心事，语娇声颤，字如贯珠。老翁虽是解歌，无奈雪鬓霜须。大家且道，是伊模样，怎如念奴？"在唐代宫廷歌伎中，念奴与许和子齐名，以致后来洪昇在《长生殿》中还特意安排二人作为杨贵妃的左右贴身侍女，见证兴亡情事。

永新、念奴的歌唱艺术确乎高妙！而她们之所以能取得如此高的成就，其实与中国古代悠久的演唱传统密切相关。

作为一个有着悠久歌唱传统的古老国度，我国历史上的善歌之人不计其数，古人曾有"十二音神"之说。这"十二音神"附属于梨园祖师爷喜神的神统体系，被认为是喜神的陪祀神，他们分别是：罗公远、黄幡绰、叶法善、鬼音沈古之、虎啸秦

清、云音韩娥、琴音绵驹、猿音石存符、雷音孙登、龙吟（一作韵吟）王豹、凤鸣阮籍、鸟音薛谭。其中大部分都是各自时代出色的歌者，譬如龙吟王豹、琴音绵驹均乃春秋时期的著名乐人歌手，《孟子·告子下》即有言："昔者王豹处于淇，而河西善讴；绵驹处于高唐，而齐右善歌。"（赵景深：《读曲小记·十二音神考》）

对于这些著名歌者，古人还常评定其高下，但究竟谁为翘楚？历来各执一词，《乐府杂录》认为："古之能者，即有韩娥、李延年（按，以《佳人歌》垂世）、莫愁（按，以《石城乐》即《莫愁乐》闻名，歌云'莫愁在何处？莫愁石城西。艇子打两桨，催送莫愁来。闻欢下扬州，相送楚山头。探手抱郎看，江水断不流'）。"宋人王灼《碧鸡漫志》认为："古人善得歌名……战国时，男有秦青、薛谭、王豹、绵驹、瓠梁；女有韩娥……"元代燕南芝庵《唱论》道："窃闻古之善唱者三人：韩秦娥（即韩娥）、沈古之、石存符。"从上述列举中我们不难看出，古人虽没有直接举出第一人，但韩娥无疑是得到最普遍认可的一位歌者。韩娥是战国时韩国的民间歌唱家，也是著名的"余音绕梁，三日不绝"典故的主人公，《列子·汤问》载录了她的生动故事，兹引录于下：

昔韩娥东之齐，匮粮，过雍门，鬻歌假食。既去，而余音绕梁欐，三日不绝，左右以其人弗去。过逆旅，逆旅人辱之，韩娥因曼声哀哭，一里老幼悲愁，垂涕相对，三日不食。遽而追之，娥还。复为曼声长歌，一里老幼喜跃抃舞，弗能自禁，忘向之悲也。乃厚赂发之。故雍门之人至今善歌哭，放娥之遗声。

庚辰三月吴郡唐寅畫

五　"莫向南山轻一曲，千金原是永新人"

韩娥的"曼声哀哭"能令人"垂涕相对，三日不食"，"曼声长歌"又能令人"喜跃抃舞，弗能自禁"，歌唱技艺之高超令人叹绝，难怪后人敬仰不已，谓"徒惜越娃貌，亦蕴韩娥音"（唐·于濆《里中女》），又谓："欢戚犹来恨不平，此中高下本无情。韩娥绝唱唐衢哭，尽是人间第一声。"（唐·崔涂《声》）

　　以韩娥、许和子及众多"音神"为代表的古代歌唱家，他们之所以能够音同天籁，动人心魄，不仅仅是因为他们本身的天资异秉，更重要的是，他们大多形成了独特的艺术追求和格局。中国古代的歌唱艺术大致可概括为四大特性：

　　首先，声音响亮，悠扬耐久，歌喉一抒，响遏行云，歌声清圆，余音袅袅。这是古代优伶在歌唱上一个最重要的艺术追求。许和子与念奴歌唱的特色正在于此，所谓"喉啭一声，响传九陌"，"飞上九天歌一声"，达到的也就是这种理想的艺术境界，而要实现这种艺术目标就必须娴熟地掌握调气、运气等发声的专业技巧。有云："夫气者，音之帅也，气粗则音浮，气弱则音薄，气浊则音滞，气散则音竭。"（陈彦衡《说谭》）因此，调气、运气极为重要，直接影响到发声，《乐府杂录》道："善歌者必先调其气。氤氲自脐间出，至喉乃噫其词，即分抗坠之音。既得其术，即可致遏云响谷之妙也。"按现在的说法便是，歌唱之前必须运调其气，强调气沉丹田，以气托腔，将气深深吸入腹部，形成充足雄浑的底气，从而使气息流畅顺通，至喉间之时任其一贯而出，发声吐字自然浑然明亮，音之抗坠高低亦随之晰然明分。

其次，歌之"传情"同样是歌唱成功的一个重要特点。《乐记》道："凡音者，生人心者也。情动于中，故形于声。声成文，谓之音。"《旧唐书·音乐志》亦云："人有血气生知之性，喜怒哀乐之情。情感物而动于中，声成文而应于外。"这两处引文讲述了一个核心的观点，即人是富有情感的，声、音因内心之情感发而成，以此观照歌唱艺术，则强调艺术乃由情而生，当以情感人、以情动人。所谓"唱曲之法，不但声之宜讲，而得曲之情为尤重"（《乐府传声·曲情》），且看历代出色的歌唱家、戏曲家，有几位不是在歌唱中以真情来感人肺腑的！无论是韩娥达到的动人悲喜之化境，还是许和子"取来歌里唱，胜向笛中吹。曲罢那能别，情多不自持"（白居易《杨柳枝二十韵》），并"喜者闻之气勇，愁者闻之肠绝"的艺术境地，都无不在证明着这一点。故只有"传情"，才会具有动人的艺术感染力，恰如《淮南子》中所言："韩娥、秦青、薛谭之讴，侯同、曼声之歌，愤于志，积于内，盈而发音，则莫不比于律，而和于人心。"

再则，"美听"也是出色的歌唱艺术所应具备的特征。我国古代优伶的歌唱艺术非常重视"美听"的效果，追求歌声之清

净纯粹、珠圆玉润、摇曳多姿，从而完整地表现出歌曲的节奏、旋律与情感特色。尤其在戏曲艺术中，戏曲声乐有很多种行当唱法，并以各种不同的音色对比来表现不同戏曲人物的身份、性别、脾性和喜好，譬如老生、正生均用真声唱；正旦、花旦则用假声唱。且即便同样是用真声唱，不同的行当亦有不同特色，如净用真声，然发音清亮有力；丑也用真声，但讲究的是音色尖脆，并带有诙谐、幽默成分。

此外，歌唱之时把握分寸也是一个不可忽视的问题。对此，燕南芝庵《唱论》中有一段颇为精辟的议论："有唱得雄壮的，失之村沙。唱得蕴拭的，失之乜斜。唱得轻巧的，失之闲贱。唱

五 "莫向南山轻一曲，千金原是永新人"

得本分的，失之老实。唱得用意的，失之穿凿。唱得打揸的，失之本调。"此即谓人之音色可以不同，唱曲的风格也可以各式各样，但是演唱时一定不可失去应有的分寸尺度，过火不当，定然无法得到观众的认可。

我们最后还是回到许和子。

对于许和子的一生而言，不负她的是艺术，负了她的则是命运。一朝渔阳鼙鼓动地来，便断然惊破了霓裳羽衣曲。安史之乱后，六宫星散，许和子流落民间，嫁给了一个士人为妻，从此告别锦衣玉食的宫廷生活。某次，韦青避地广陵，于一个月朗星稀的夜晚泛舟河上，忽然听见河舟中有奏唱《水调》曲者，歌声如此幽怨空灵、超凡脱俗，却又似曾相识，韦青激动不已："这是永新在歌唱！"于是登舟与许和子相对而泣，彼此告慰。后士人卒，为了谋生，许和子与母亲重返京师。关于许和子之死，无史料确切记载，仅说"殁于风尘"或"终于狭邪间"。

一个精彩的故事，搭配了一个悲伤的结局，究竟是许和子的宿命本该如此，还是上天的安排太过绝情，无人能知。我们且以秦观的一阕《江城子》作结：

> 韶华不为少年留。恨悠悠，几时休？飞絮落花时候一登楼。便做春江都是泪，流不尽，许多愁。

六

『秋槐叶落空宫里，凝碧池头奏管弦』

—— 说雷海青

天宝十四年（755），安史之乱爆发，安禄山叛军一路势如破竹，金戈铁蹄踏破繁华的长安古道，逼使唐玄宗携杨贵妃与身边少数官员匆匆逃往西蜀避难。朝中无主，长安城很快落入了叛军手中，一时间宫廷内外均成阶下囚，成群的后宫妃嫔、文武朝臣被安禄山以武力掳掠至洛阳，而且"尤致意乐工，求访颇切，于旬日获梨园弟子数百人"（郑处诲《明皇杂录补遗》）。

一日，安禄山大宴于禁苑凝碧池，强使梨园子弟奏乐助兴。乐工们念及往日玄宗之恩，又对比眼下艰难处境，一个个相向而泣，曲不成调。这时，有名乐师大喝一声站出来，奋力将手中

的琵琶投掷在地上，摔得粉碎，随即面向西方失声恸哭，痛斥安禄山乃叛臣贼子，涂炭生灵，顿时搅乱了整个宴会的喜庆气氛，也打破了安禄山借宴会显示至上统治与降伏人心的如意算盘，安禄山勃然大怒，喝令将其立刻处死。该乐师便被残忍地肢解于戏马殿上，无一人敢上前劝阻，亦无一人敢替其收尸。凄寒惨状，令见者莫不伤痛，闻者无不泣下。

当时，王维因不愿屈从伪职，服药伪装喑哑，被安禄山软禁于菩提寺，听说此事后，他为该乐师义勇忠直的壮烈反抗精神感动不已，作了一首很有名的诗表达悼念之情，即《菩提寺禁，裴迪来相看，说逆贼等凝碧池上作音乐，供奉人等举声便一时泪下，私成口号诵示裴迪》，诗云："万户伤心生野烟，百僚何日更朝天？秋槐落叶空宫里，凝碧池头奏管弦。"安史之乱被平定后，凡乱时屈从安禄山伪政权者皆获罪遭遭，据说王维正因为这首《凝碧诗》，尤其"百僚何日更朝天"句，表达了对玄宗的牵挂与期盼，故得以从轻发落。诗中所悼之乐师，则由一名卑微的宫廷伶人立身于唐肃宗赠封的死难大臣之列。（见《厦门志》与《闽杂记》）不仅受到了帝王亲自纪悼之殊荣，而且其铁骨铮铮、气节忠直之声名更从此与《凝碧诗》一同永垂史册，立起了古代优伶史上一道伟岸的丰碑，代代传颂。（计有功《唐诗纪事》）

他，就是唐代著名的乐工雷海青。

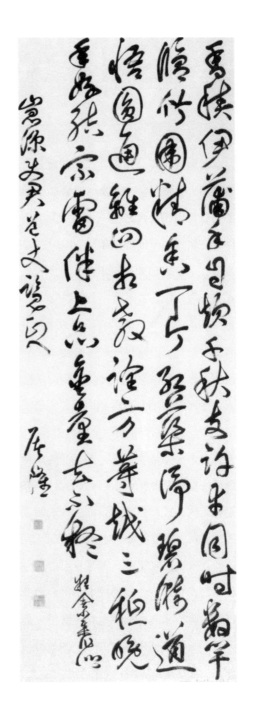

雷海青生卒年不详，民间传说他乃福建南安人。雷海青精通音律，尤擅琵琶，所弹琵琶绝非寻常物什，"以石为槽，鹍鸡筋为弦，用铁拨弹之"（《杨太真外传》），《长生殿·偷曲》中即有云"铁拨争推雷海青"，由于技艺超群，雷海青颇得唐玄宗喜爱，一度名闻朝野。不过，与出色的乐技相比，前述雷海青在安史之乱中临危不屈、舍生取义的豪壮之举更让人感动敬仰。据《新唐书》载，当时在凝碧池参加安禄山招宴聚饮者其实还有不少是玄宗旧时权臣，譬如兵马副元帅哥舒翰、故相陈希烈、京兆尹崔光远以及曾深受玄宗宠幸的张氏兄弟（张均、张垍）等人，在安禄山的暴虐淫威面前，他们并没有多少反抗，为了保全性命，为了荣华富贵，他们低头求饶，甘屈臣下。但在几乎所有人都敢怒不敢言的那一刻，身为乐伶的雷海青挺身而出，以倔强的生命为代价换取了做人的品格与尊严。雷海青所受之刑罚是惨无人道的，然而越残酷就越表明了安禄山内心的躁怒，越残酷就越表明了雷海青对安氏政权的蔑视与反抗。

在安史之乱之前，雷海青不过是一名优秀的乐师，梨园教坊中的一位高人，他的故事不多，也没有多少惊天动地之事值得他人津津乐道，如果没有这次历史性的变乱，终其一生他也许只是太平盛世乐章中的一个修饰符，霓裳羽衣曲中的一个琵琶手，宫廷乐队中的一个独奏者，仅此而已。然而疾风知劲草，

安史之乱将他推到了高举传统伦理道德精神的旗手位置——宁为玉碎，不为瓦全。在历史这块试金石面前，他发出了一生中最耀眼的光芒，激闪了所有人的眼睛，亦在后人心里留下了永远不会磨灭的印记。所以，尽管雷海青死于安史之乱，但我们其实也不得不这样说，恰正是安史之乱成就了雷海青的英名。

后世关于雷海青"骂安斥敌"的故事流传很广，尤其在历代戏曲舞台、戏曲作品中，一直都闪现着雷海青的身影。明人屠隆的传奇《彩毫记》和吴世美的传奇《惊鸿记》皆有关于雷海青壮举的情节内容。其中《彩毫记》叙述了李白的传奇经历，第二十三出《海青死节》穿插了雷海青的故事，末尾下场诗云："百二山河帝业成，三千粉黛列云屏。群臣献谀如流水，不及梨园雷海青。"吴世美《惊鸿记》一剧以惊鸿舞为主线叙述了梅妃等人物的悲剧命运，第二十六出《胡宴长安》描绘了凝碧池宴饮的场景，剧中有关雷海青的情节不多，然情怀壮烈，死前大唱"吾纵死，取义成仁壮千秋，壮千秋"，激愤动人。相比较而言，清代洪昇《长生殿》的艺术成就最为出色，该剧塑造了重恩重义、怒发冲冠的雷海青形象，尤其第二十八出《骂贼》中，作者以生动的艺术笔法详细敷演了雷海青当年血染凝碧池的壮举，在忠正奸邪、勇义怯懦的对比中，细腻地刻画了雷海青对安禄山等叛逆仇恨不已却又救国无力、悲愤交加的复杂情感。剧中唱词煞是酣畅快意，慷慨淋漓，真可谓气贯肝胆，直指人心。试举一二：

> 【北仙吕】【村里迓鼓】虽则俺乐工卑滥，硁硁愚暗，也不曾读书献策，登科及第，向鹓班高站。只这血性中，胸脯内，倒有些忠肝义胆。今日个睹了丧亡，遭了危难，值了变惨，不由人痛切齿，声吞恨衔。
>
> 【扑灯蛾】怪伊特负恩，兽心假人面，怒发上冲冠。我虽是伶工微贱也，不似他朝臣䐖睍。安禄山，你窃神器上逆皇天，少不得顷刻间尸横血溅。我掷琵琶，将贼臣碎首报开元。

读书献策、登科及第的朝臣在气节品格上竟然远不及地位卑微的优伶，这无疑是对封建等级制度的一种嘲讽，对世俗褊狭眼光的一种拨正，亦是对优伶身份、伶工职业的肯定与赞誉。从这个角度来说，雷海青之死节更有超越自身声名之大义在。

如果说在以上戏曲作品中，作者还只是把雷海青当做一个为气节而死的英雄人物进行刻画，那么在莆仙戏、高甲戏、木偶戏等福建地方剧种里，雷海青的地位获得了无比的尊荣，被尊视为戏神，受到世代的顶礼膜拜。

在这些剧种中，雷海青被称作"田公元帅"，或曰"田都

元帅""田公""田相公"等，在福建的地方戏神祖庙如瑞云祖庙、相公庙内，皆供奉有雷海青的塑像：红脸，螃蟹掩口，光头（有的插宫花，戴头盔），后脑拖两条长辫，身边风火二童护卫，一执弓，一托鸟，前有一狼牙将军，两旁有执长戈之神兵。（刘念兹《南戏新证》）一直以来，莆仙戏戏班通常都有这样的传统，即但凡新戏开台都要尊拜"田公元帅"，祭飨神灵，祈祝平安和演出成功；新的演员加入戏班也要参拜"田公元帅"，以示不忘祖师爷，祈求戏神保佑少灾多福。此外，每年8月23日（按，各庙祭典日期也有不同，但以此日为多），福建地方莆仙戏、高甲戏等戏班还会举行仪式活动庆祝戏神雷海青的诞辰，往往一连三天，载歌载舞，在拜祀祖师的虔诚中，表达了人们不忘先祖恩护以及诚心敬业、祈求幸福的美好意愿。

雷海青如何由历史人物变成戏神"田公元帅"，自古以来，说法林林总总，其中一种普遍流行的传说是：有一次，一个莆仙戏戏班乘船外出表演，在海上遭遇了狂风暴雨，正当船只要沉没之时，雷海青突然在空中显灵，顷刻间风雨尽息，乌云散去，全船人获救。由于当时雷海青所帅之旗上的"雷"字为云彩所掩，人们自下往上观之，隐约间只看到"雷"字的下半"田"字，故而传为"田公元帅"。与"田公元帅"之声名相匹，雷海青的身世亦在福建民间充满传奇色彩，据说雷海青的母亲不孕而育，偷偷生下了雷海青，因遭人视为不吉之物，婴儿被扔在水田里，幸亏日有青蟹吐泡沫喂食，小儿得以不死，后被戏班收养，取名雷海青，故田公元帅的神像面部也就大多绘有一只青蟹。对于田公元帅的传说，清人俞樾《茶香室丛钞》卷十五谓："然以海青之忠，庙食固宜，伶人祖之亦未谬。"可见文人也是从品行上认可了雷海青为"戏神"。

关于雷海青与福建莆仙戏、高甲戏等剧种之间的关系，除了民间坚信雷海青为福建人这一地缘因素外，还有一种颇合情理的推断，即：当年目睹或听说雷海青遭遇的宫廷优伶罹难外

六　"秋槐叶落空宫里，凝碧池头奏管弦"

逃，有的流落到了福建闽中、闽南等地，长留久居，将雷海青之英烈故事偕同宫廷百戏、歌舞表演等散播到了当地，后人在博采众长的基础上发展形成莆仙戏、高甲戏等，并逐步将雷海青造就成了该剧种的守护神。

在我国古代戏曲史上，戏神历来很多，形成情况也颇复杂，如修筑都江堰的李冰与二郎神被人糅合成传说中的宜黄戏戏神清源师，汤显祖《宜黄县戏神清源师庙记》即云："予闻清源，西川灌口（二郎）神也。"唐玄宗也是很多人所公认的戏曲行业神——梨园神、老郎神，清代戏曲理论家黄旛绰《梨园原》谓："老郎神即唐明皇。逢梨园演戏，明皇亦扮演登场，掩其本来面目。惟串演之下，不便称君臣，而关于体统，故尊为老郎之称。"秦腔戏班则有事秦二世胡亥为祖者，杨静亭《都门纪略》云："二世胡亥，演为词场，谱以管弦……后世遂号为秦腔。"此外，各类戏曲行当也有各自崇奉的戏神，如戏班中武行供奉武猖神，梳头的供奉观音，管戏箱的供奉青衣童子等。

雷海青作为一名乐工而被当做地方剧种的戏神来供奉，这在中国古代优伶史上是罕见的。福建一带几乎每个莆仙、高甲、木偶戏戏班至今仍备有神龛常年供奉着戏神"田公元帅"雷海青，他离奇的身世、传奇的故事吸引世人追问不已，他高尚的品格、纯洁的操守、救世之大义更一直令人敬仰膜拜，成为后人的道德准绳。

福建南安罗东镇，相传为历史上有名的"戏窝子"，我国已故著名木偶大师黄奕缺先生即出生于此；也正是在这片钟灵毓秀之地，一直到今天还保留着戏神雷海青的墓地，不论南安是否真的埋有雷海青骨骸，就凭当地百姓那虔诚、淳朴与执著的信仰，便足以让故逝一千多年的雷海青含笑九泉。

七

『正是江南好风景，落花时节又逢君』

—— 说李龟年

"诗圣"杜甫有一首名诗《江南逢李龟年》："岐王宅里寻常见，崔九堂前几度闻。正是江南好风景，落花时节又逢君。"诗成于唐代宗大历五年（770），被后人喻为"少陵七绝，此为压卷"（清·蘅塘退士语）。诗中这位饱经人世沧桑的主人公便是唐代著名乐工李龟年。

李龟年生卒年不详，乃开元、天宝年间著名的梨园乐工。李龟年与兄弟李彭年、李鹤年三人堪称家族文艺天才：李彭年善舞蹈，李鹤年以歌唱见长，三人中尤以李龟年的音乐才华最为出色。李龟年精于歌唱，宋人王灼《碧鸡漫志》云："古人善歌

得名，不分男女……唐时男有韦青、李龟年……"他所演唱的李白《清平调》词尤其出彩，深得杨贵妃喜爱；李龟年还擅长吹觱篥，奏羯鼓，在宫廷乐队中地位颇高；另外，他在谱曲制声方面亦有着出色的才华，《桃花扇·余韵》之【秣陵秋】有"力士签名搜笛步，龟年协律奉椒房"，他所制作的《渭州曲》，清新悠扬，获唐明皇激赏。

时值"开元全盛"之日，社会相对稳定，民生安居乐业，

"公私仓廪俱丰实"（杜甫《忆昔》），整个唐朝的经济发展迎来了繁荣的高潮。京畿之内，一片歌舞升平，权宦将相、文人士子频频宴游聚会。怀着精湛过人的音乐歌舞技艺，李龟年及其兄弟受到了宫廷内外的欢迎，长安城里许多皇族贵戚、达官要人经常邀请李氏兄弟前往表演助兴，如杜甫诗中说到的"岐王"与"崔九"便是最典型的人物。岐王名叫李范，乃唐明皇之弟，唐睿宗之第四子，其人雅善音律，知艺赏才，尤重李龟年之吹弹歌唱；崔九即崔涤，中书令崔湜之弟，曾任殿中监，出入禁中，深得玄宗宠幸。与这些皇戚宠臣之间的应酬，扩大了李龟年兄弟在当时的歌舞声名；更为常人所艳羡的是，他们精彩的表演每每都可获得丰厚的赏赐。日积月累，李氏兄弟存聚了颇为殷实的家产，于是，他们斥资在洛阳建造了一座宅第，规模排场之豪华，令当时一些王公贵族的府邸亦颇感逊色。对此，《明皇杂录》有证："开元中，乐工李龟年善歌，特承顾遇，于东都大起第宅。"

然而，人事如月，岂能有圆无缺。天宝十四年（755），安史之乱爆发，盛唐气象所有的繁荣昌盛、歌舞喧嚣在此戛然而止。叛乱一爆发，唐明皇便携贵妃及一班皇室贵戚、王公大臣仓皇逃往西蜀。皇宫之内乱作一团，百千人的梨园、教坊乐工，七零八落，或如黄幡绰等被安禄山掳走，或如雷海青等死节，更多的则如同宫伎许和子一般，慌慌张张不知去从，凄凄冷冷流落民间，李龟年也是如此。

在烽火战乱中，李龟年混在逃生的人群里离开了京城，一路风餐露宿，流落到了当时相对比较安宁的江南。作为一名乐工，除了歌唱演奏，李龟年没有其他的谋生之路。他时常出现在江南一些官宦人家的宴会上，唱曲助兴，范摅《云溪友议》云："明皇幸岷山，伶官奔走，李龟年奔迫江潭。"《明皇杂录》亦谓："（李龟年）其后流落江南，每遇良辰胜景，为人歌数阕，座中闻之，莫不掩泣罢酒。"《长生殿·弹词》中李龟年所唱【南吕·一枝花】也许真切地道出了他的现实感受，词云：

乐俑

不堤防余年值乱离，逼拶得岐路遭穷败。受奔波风尘颜面黑，叹衰残霜雪鬓须白。今日个流落天涯，只留得琵琶在。揣羞脸上长街又过短街。那里是高渐离击筑悲歌，倒做了伍子胥吹箫也那乞丐。

据《唐诗纪事》卷十六"王维"条载：李龟年曾应湘潭采访使之请在其宴席上演唱，所唱均为王维的作品，其一《红豆》："红豆生南国，春来发几枝。愿君多采撷，此物最相思。"其二《伊川歌》："清风明月苦相思，荡子从戎十载余。征人去日殷勤嘱，归雁来时数附书。"不难想见，李龟年借此二诗抒发的无疑是对太平盛世、对过去的美好岁月、对长安、对旧主唐明皇的思念。

李龟年之歌凄凉悲慨，沉郁悠扬，他将自身丰富坎坷的遭际与真挚惆怅的复杂情感融入了自己的歌唱中，直唱得荡气回肠，催人泪下，故而每听李龟年歌声者，无一不泫然落涕，感慨不已。此时杜甫也流落至江南，偶然在一次宴会上听见了李龟年的演唱，歔欷满怀，便作成《江南逢李龟年》一诗。诗末二句"正是江南好风景，落花时节又逢君"，更让人生出无限怅然，有往事如烟之叹。经过这场长达八年之久的安史之乱，唐王朝渐渐走向了衰亡，随同政治衰亡的，还有军事、经济、文化以及强烈的民族自信心。

对于杜甫这样的文人士子，李龟年这样的乐工伶人来说，他们卑微低弱的生命如何能够抵抗巨大的山河变迁所带来的种种！如果说李龟年沦落于风尘，也不过是"旧时王谢堂前燕，飞入寻常百姓家"，那么深怀"穷年忧黎元"的情怀而又爱莫能助的杜甫，只得举家凄惨逃亡，饱尝了穷困漂泊的滋味。在此试引其一诗以见当时之苦相，诗名《逃难》：

> 五十白头翁，南北逃世难。
>
> 疏布缠枯骨，奔走苦不暖。
>
> 已衰病方入，四海一涂炭。
>
> 乾坤万里内，莫见容身畔。
>
> 妻孥复随我，回首共悲叹。

安史之乱，是天性骄傲自负的唐代士人心中永远无法抹去的痛，即便后来仍严守着李氏江山，然而谁都明白，开元天宝年间那种堪称绝世的繁华与兴盛已经难以为继了。安史之乱，就像一道消除不掉的疤痕，永远地刻在了唐代历史的简册上。

关于李龟年的结局，范摅《云溪友议》中有这样一个说法：一次演唱时，李龟年因悲恸过度，闷绝仆地，险些被埋入殓，幸其左耳微暖才得免；四天后终于苏醒过来，但不久就郁郁而终。

在我国古代优伶中，不知多少人有着与李龟年一样的命运：得富得贵得宠之时，春风得意；失宠失倚失意之时，颠沛流离。他们目睹了繁华兴衰的尘世变幻，遭受了烽火硝烟的战乱纷扰，亲历了腥风血雨的朝代更迭——历史的一举一动化成了他们脑海中的一景一幕，他们以最深切的体验、最敏感的反应记忆着

涧道餘寒歷冰雪
石門斜日到林丘
乙巳臘月寫
少陵詩意十
二幀似
旭咸賢壻時年
七十有四 時敏

梨花带雨

世间大动荡的一切。

明清之际,有这样一位民间艺伶,他与李龟年相较,时代虽有不同,命运却有着太多的相似,他就是南明时期有名的乐师苏昆生。

苏昆生,本名周如松,河南固始人,生卒年不详,精通音律,善歌。陈维崧《贺新郎·赠苏昆生》词前小序道:"苏,固始人,南曲为当今第一。曾与说书叟柳敬亭同客左宁南幕下。""左宁南"即明末著名将领左良玉。左良玉（1599—1645），字昆山，临清（今属山东）人。先于辽东抗清得力，被擢升为副将，后镇压农民起义立功，升为大帅。崇祯十七年（1644）封宁南伯，又晋爵侯，驻武昌，抵抗清军。南明弘光朝廷建立，大臣马士英扶持傀儡福王，党同伐异，大肆打压东林党人。左良玉即借"清君侧"之名进兵南京，欲讨伐马士英等，然途中病卒。左良玉驻扎武昌之时，苏昆生与好友柳敬亭投其幕中，一个善歌、一个善说书，深受左良玉与其部下的欢迎。左良玉暴卒，苏昆生痛哭不已，既伤异族入侵、良将遽殁，又感报国无门、年华虚度。在极度悲愤之下，他抛去红尘，遁上九华，削发出家。

这段经历在苏昆生心里打上了一道深深的烙印，也定格了他后半生的人生基调：怀恋，漂泊，失意，感伤。正如时人所咏叹的："楼船诸将碧油幢，一片降旗出九江。独有龟年卧吹笛，暗潮打枕泣篷窗。"（《吴梅村全集》卷二十《口占赠苏昆生四首》之一）后时事渐淡，苏昆生出山云游，先至西子湖畔，投于汪汝谦门下，汝谦字然明，浙江钱塘人，好延纳名流，为湖山诗酒之会。据汪鹤孙《哀苏昆生·序》："昆生以清曲擅名，久游先大父（按，汪汝谦）之门，后为梅村先生赏识。"（《春星堂诗集》卷六）汪汝谦卒后，苏昆生又流落至苏州一带，

七 "正是江南好风景，落花时节又逢君"

以卖唱为生。

以盛产"状元"与"伶人"而声震天下的苏州，乃明清戏曲发展最繁荣的核心。不过，当时苏州一带流行的主要是以轻缓柔曼为特点的昆腔，擅长脆落声劲之楚调的苏昆生初来乍到，并不为当地人所赏，但他很快以扎实的歌唱功底为自己赢得了声名。吴伟业《楚两生行·序》载云：

> 吴中以善歌名海内，然不过啴缓柔曼为新声，苏生则于阴阳抗坠，分刌比度，如昆刀之切玉，叩之栗然，非时世所为工也。尝遇虎丘广场大集，生睨其旁，笑曰："某郎以某字不合律。"有识之者曰："彼伧楚乃窃言是非。"思有以挫之，间请一发声，不觉屈服。(《吴梅村全集》卷十)

四处漂泊的生活，让苏昆生结交了江南一带不少颇负盛名的文人雅士，还时常得到他们的诗文咏赞，如吴伟业："故国伤心在寝丘，蒜山北望泪交流。饶它刘毅思鹅炙，不比君今忆蔡州。"(《口占赠苏昆生四首》之四) 尤侗《锡山遇苏昆生口号赠之二首》一云："九江漂泊九华归，楚尾吴头旧梦非。莫向樽前歌水调，山川满目泪沾衣。"(《看云草堂集》卷七) 陈维崧《贺新郎·赠苏昆生》道：

吴苑春如绣。笑野老、花颠酒恼，百无不有。沦落半生
知已少，除却吹箫屠狗。算此外、谁欤吾友？忽听一声《何
满子》，也非关、泪湿青衫透。是鹃血，凝罗袖。 武昌万
叠戈船吼。记当日、征帆一片，乱遮樊口。隐隐柁楼歌吹响，
月下六军搔首。正乌鹊、南飞时候。今日华清风景换，剩凄
凉、鹤发开元叟。我亦是，中年后。

无论吴伟业所言"故国伤心在寝丘，蒜山北望泪交流"，或尤侗所言"莫向樽前歌水调，山川满目泪沾衣"，还是陈维崧所道"今日华清风景换，剩凄凉、鹤发开元叟"，皆语极凄凉，情至哀恸，既伤感于苏昆生艺术才华超凡却不得不四处流落的悲情命运，同时也充满了对于朝代更迭、尘世变迁、往昔如烟的喟叹。毕竟，在明末清初的文人士子心里，或多或少都存在着忆旧、怀念、感伤、幽愤的遗民情结，甚至还有一些不可与人道的复杂情愫，这些全都暗暗地隐藏在他们内心深处，一旦遇到某种对象或合适情境的激发，常常会悄悄地流淌出来，所谓"我本淮王旧鸡犬，不随仙去落人间"（吴伟业《过淮阴有感》），不就是一种复杂的情怀么？

汪鹤孙《哀苏昆生·序》道苏昆生："年七十余寄寓惠山僧舍，己未（即康熙十八年）夏竟卧疾死。"身为社会地位卑微下贱的伶人，苏昆生见证了贪官奸臣的腐败，见证了将军的英雄豪迈，见证了士兵的浴血奋战，见证了异族掠抢家国河山的凶狠残暴，也见证了南明王朝的始始末末。七十余年的人生经历，他足以积聚所有关于江南的哀叹。孔尚任就在《桃花扇·余韵》中展露了他的心声，并作为全剧的一个情感大收煞：

七 "正是江南好风景，落花时节又逢君"

【哀江南】［离亭宴带歇拍煞］俺曾见金陵玉殿莺啼晓，秦淮水榭花开早，谁知道容易冰消。眼看他起朱楼，眼看他宴宾客，眼看他楼塌了。这青苔碧瓦堆，俺曾睡风流觉，将五十年兴亡看饱。那乌衣巷不姓王，莫愁湖鬼夜哭，凤凰台栖枭鸟。残山梦最真，旧境丢难掉，不信这舆图换稿。诌一套《哀江南》，放悲声唱到老。

梁启超尝言："《桃花扇》系一部哭声泪痕之书"，"余每一读之，辄觉酸泪盈盈，承睫而欲下"。今读此一曲，也觉情怀跌宕，心怵不已。

对于朝代的盛衰更迭，最为痛心者，未必就是高高在上的君王，或是显赫一时的将相，处于社会底层的人们，亲历了山河巨变，尝遍了世道艰辛，他们的体验往往更加刻骨铭心，他们的审视也可能会更加近于本质。

苏昆生最伤悼的人是左良玉，李龟年最怀念的人是唐明皇，如果说苏昆生身系一部南明痛史，那么李龟年则心牵一场安史之乱——不一样的时空，同样的是彼此一生无法挥逝的哀叹与惆怅。月明人静的夜晚，江南的一叶小舟，也许偶尔会悠悠传来一阵幽怨的笛声与一曲凄凉的《水调》，曼妙之音于雾霭中抗坠交逐，缓缓聚凝又淡淡消散。听者无须讶异，亦无须问此天籁之音源自何方，翻开尘封的记忆，会发现寂寞的魂灵早已穿越了时空，在歌声里，他们各自诉说着紫陌红尘中的那些故事，那些人。

当年，唐明皇被迫入蜀之时，曾听人诵起李峤的《汾阴行》，片时泣下数行，兹引于此：既借之凭吊古人，又以之作结。不知看官是否亦会生出些许欷歔之叹！

> 山川满目泪沾衣，
> 富贵荣华能几时？
> 不见只今汾水上，
> 唯有年年秋雁飞。

八

『高皇尚爱梨园舞，
宣索当年菊部头』

——说菊夫人

　　我国古代的舞蹈艺术源远流长，内容缤纷，它既是历代艺人辛勤创造的成果，又是各民族、各地区舞蹈文化的结晶，展现了中华民族大家庭深厚的文化内涵与绚丽多彩的艺术积淀。

　　在古代舞蹈艺术中，除了汉民族舞蹈文化之外，少数民族的舞蹈艺术占据了重要的地位，如秦汉时期，西域之"胡舞"、南方之"蛮舞"大量流入中原，彼此吸收融合；魏晋南北朝时期，新疆一带的龟兹乐舞，以及甘肃一带流行的西凉乐舞更是影响深远，流播于朝野上下。唐代的舞蹈以博取多民族之舞蹈精英为特征，呈现出兴盛辉煌之势，从艺术层面展示了大唐的宏

阔气象，如唐代宫廷燕乐为《十部乐》，其中除了《燕乐》与《清商乐》，其余均为外来乐舞，分别是：《西凉乐》《天竺乐》《高丽乐》《龟兹乐》《安国乐》《疏勒乐》《康国乐》及《高昌乐》等。降至宋代，唐代多元化的舞蹈艺术得到了更加成熟的发展，呈现出多姿多彩的风格特色。这其中，亦涌现出不少技艺精湛、功底厚实的舞蹈家。宋代文人宋无（字子虚）曾在《翠寒集·宫词》中咏赞过这样一位著名的宫廷舞伶：

月照芙蓉水殿秋，

仙韶一曲奏《凉州》。

高皇尚爱梨园舞，

宣索当年菊部头。

她，便是宋代宫廷舞蹈家——菊夫人。

菊夫人本名不详，之所以名曰"菊夫人"，或许她名中带菊，或许她酷嗜菊花，已无从考知；菊夫人乃宋高宗（赵构）时期的宫廷乐伶，姿容秀丽，身材窈窕，通晓音律，尤精于舞蹈，她的《梁州》曲舞最是优美精妙，冠绝一时。《梁州》又作《凉州》，属"胡部"，乃唐代大曲，开元中西凉州府进奉，《乐苑》曰："《凉州》，宫调曲。开元中，西凉府（治所位于今甘肃武威）都督郭知运进。"《梁州》曲在唐宋期间流传极为广泛，时人常常咏叹之，如李益《夜上西城听〈梁州〉曲二首》："行人夜上西城宿，听唱《梁州》双管逐。"杜牧《河湟》："唯有《凉州》歌舞曲，流传天下乐闲人。"辛弃疾《贺新郎·赋琵琶》亦谓："推手含情还却手，一抹《梁州》哀彻。"可见这一曲舞在当时的流行程度。

凭借着出色的曼妙舞姿，菊夫人被时人公认为"仙韶院之冠，宫中号为菊部头"（《齐东野语》卷十六《菊花新曲破》）。

生石高谈羲皇上，菊影苍寒
盖间调琴重佳莫识陶彭
深访焦圆斯别载心
乙酉秋日冯题

满地风霜菊滋金，遥东遥弄不纪
淇南山多万恩慰趣千载与人金
心
唐寅

"仙韶院"之名沿袭自唐代，乃唐文宗（李昂）时宫廷伶人乐工的居住之所，《唐会要》载："文宗开成三年（838），改法曲为仙韶曲，仍以伶官所处为仙韶院。"所谓"菊部头"，意谓菊夫人乃宫廷乐伶中技艺第一的领队舞首、歌舞班头，由于古时"菊""鞠"相通，故又作"鞠部头"。"菊部头"之名在后世得到了广泛的流传，如清人赵翼《青山庄歌》即有语云："法曲犹传菊部筝，新腔催打花奴鼓。"发展至今日，"菊部"与"梨园"一样，成为我国戏曲界、戏班或剧团的一种别称，由此亦可见菊夫人在古代优伶史上的突出地位。

然而，尽管菊夫人歌舞技艺堪称绝世，却始终没有得到宋高宗的宠幸。出色的才貌与君王的忽略之间的落差让菊夫人内心产生了强烈的失意之感，怀着深深的遗憾，她以身患重疾为由请求告归，离开了皇宫。不过，菊夫人并未如寻常宫廷优伶那样落栖普通人家，而被朝廷仕宦陈源以重金厚礼聘归，安置于西子湖畔的适安园。适安园构造奇巧，风景秀丽，陈源时常与菊夫人吟咏流连于花草碧波之间，歌舞宴饮于亭台楼阁之上。能够得到倾慕已久的绝世女伶，陈源心中自然倍感欢喜；而得到真心士子的宠爱，菊夫人的失宠之怨或许亦淡去了许多。

但好景不长，一日，诸舞伶于德寿宫表演《梁州》曲舞，但技艺平平，难合高宗之意，龙颜为之不悦。善于察言观色的提

八 "高皇尚爱梨园舞，宣索当年菊部头"

举官关礼知晓圣意，趁机禀奏道："此事非菊部头不可。"于是，高宗命人传唤菊夫人。

不知得到此消息时，菊夫人的内心是怎样一种感慨。对于她来说，帝王没有给她的宠幸，陈源已经给了；皇宫里难以寻觅的自由平静，她在适安园中找到了；曾经那么执著地攀附邀宠，如今或许也失去了当初那股强烈的冲动。菊夫人是以怎样的心情重回皇宫的，我们已无法知晓，但此后菊夫人再也没有回到陈源的身边，永远告别了适安园。

故事至此还没有完全结束，菊夫人离开之后，痴心多情的陈源在相思憾恨中颓靡成疾。据说有一个了解菊夫人与陈源情事的人，将二者的故事编绎成了一首动听的剧曲，名为《菊花新》，旋律哀怨悠扬，婉转凄咽，似歌似唱，又若哭若泣。闻知《菊花新》曲后，相思成疾的陈源激动万分，"酬以田宅金帛甚厚"。以后每闻此歌，陈源便泪如雨注，情思恍惚，不久便在痛苦中离开了人世。陈源与菊夫人一度欢聚的适安园在宋孝宗时被收归重华宫，改名小隐园，赐予了张贵妃，并被改建为永宁崇福寺。（《齐东野语》卷十六）

在我国历史上，像菊夫人这样优秀的女性舞蹈艺术家可谓多矣！她们也许各有各的传奇经历，各有各的情感故事，各有各的天赋特长；但正是她们的共同努力，才创造了无数灵活优美的舞蹈样式，促进了我国古代舞蹈艺术的昌盛兴旺。

譬如位列古代四大美女之一的西施，极擅长"响屐舞"，据说当年吴王夫差还专门为她建造了一条"响屐廊"，即在长廊之上连排置放百口大缸，上铺以木板，西施则着木屐于木板之上窈窕踏舞，身上铃铛之碰撞声与木屐踏板之声交相作响，声音明爽，舞姿绰约，曾令夫差沉溺痴迷。

受到汉成帝专宠的赵飞燕，也是姿容娇艳，李白《清平调》有赞："借问汉宫谁得似，可怜飞燕倚新妆。"赵飞燕自幼生长于音乐世家，天生具有非凡的舞蹈姿质，她"腰骨尤纤细，善踽步行，若人手执花枝颤颤然，他人莫可学也"（《赵飞燕别传》）；赵飞燕身轻若燕，灵活轻巧，甚至能作掌上之舞，其翩翩风韵、娇柔美态一时罕有其匹，徐凝《汉宫曲》有云："水色帘前流玉霜，赵家飞燕侍昭阳。掌中舞罢箫声绝，三十六宫秋夜长。"

唐明皇之贵妃杨玉环，娇美丰满，但舞蹈起来却又极为灵活，令人眼花缭乱。杨贵妃精工《霓裳羽衣》舞，"飘然转旋回雪轻，嫣然纵送游龙惊。小垂手后柳无力，斜曳裾时云欲生"（白居易《霓裳羽衣歌》），可见姿态之优美动人。同时，杨玉环还是胡旋舞的出色表演者，所谓"胡旋舞"，乃古代西北少数民族流行的舞蹈，据杜佑《通典》卷一四六："舞急转如风，俗谓之胡旋。"唐人多有诗词吟咏胡旋舞，如元稹《胡旋女》："蓬

梨花带雨

断霜根羊角疾，竿戴朱盘火轮炫。骊珠迸珥逐飞星，虹晕轻巾掣流电。"又白居易云："胡旋女，胡旋女，心应弦，手应鼓。弦鼓一声双袖举，回雪飘飖转蓬舞。左旋右转不知疲，千匝万周无已时。"据说唐代最擅长胡旋舞的人中，男子推安禄山，女子即数杨贵妃。

此外，唐代还有一位闻名古今的舞蹈家，虽然地位不能与赵飞燕、杨玉环等后妃相比，但在舞蹈史上绝对是一个光彩照人的名角儿，她叫公孙大娘，擅长"剑器舞"，舞动之时，刚柔相济，翩若惊鸿，宛若游龙，技艺非凡。公孙大娘的盛名播传天下，深得人们的叹赏，杜甫《观公孙大娘弟子舞剑器行》即描绘了公孙大娘舞剑的潇洒猛厉："昔有佳人公孙氏，一舞剑器动四方。观者如山色沮丧，天地为之久低昂。……来如雷霆收震怒，罢如江海凝清光。……先帝侍女八千人，公孙剑器初第一。"郑嵎《津阳门诗》有句"公孙剑伎方神奇"，后注云："有公孙大娘舞剑，当时号为雄妙。"可见公孙大娘的剑舞确实独步天下。

我国古代的舞蹈艺术不仅代有名家，且逐步形成了自身独特的艺术追求和艺术特性。

首先，对于一个出色的舞蹈者而言，形体资质与外在装扮是必备的。而"细腰欲折"与"长袖袅袅"正是我国古代舞蹈艺术的重要传统，前者指形体，后者指服饰。

就形体而言，古代舞人多以匀称细腰为美，这亦是古代舞蹈艺术的鲜明特色。相传先秦时期，楚国就已经非常流行细腰，如《韩非子·二柄》云："楚灵王好细腰，而国中多饿人。"事实上，舞人腰身之细与良好的腰功的确有着密切的关系，腰肢纤细柔软，体态才会窈窕轻盈，赵飞燕便是典型的例子，又如南朝时梁人羊侃的家伎孙荆玉，秀丽善舞，腰肢细柔，甚至能"反腰贴地，衔得席上玉簪"（《梁书》卷三十九），羊侃的另一位舞伎张静婉更是体态轻盈，腰肢仅一尺六寸，与赵飞燕一样能作掌中之舞，人有"认得羊家静婉腰"句（牛峤《杨柳枝五首》）；唐代舞人亦是如此，所谓"体轻似无骨，观者皆耸神"（刘禹锡《观柘枝舞》），"腰肢一把玉，只恐风吹折"（李群玉《赠回雪》）。而且不仅女性舞人形体要求如此，男性舞伎亦追求细腰，段安节《乐府杂录》曾载一个名叫崇胡子的乐人，"能轻

舞，其腰肢不异女郎也"。在服饰装扮上，古代舞人的服饰虽然
随舞蹈节目、内容等的不同而有着种种变化，但大多是宽袖束腰，
长裙曳地，给人以飘飘欲仙的幻美视觉。有时舞者还手执舞具，
最常见的是巾，随风飘拂，卷扬天际，如汉代所盛行的《巾舞》、
唐代流行的《绿腰》《白纻》等，舞者或手执长巾，或身着轻柔
之长袖舞衣，从而使舞姿更加展示出轻盈柔曼的飘逸之美。

　　其次，与歌唱、戏曲表演一样，舞蹈艺术也注重在表演中以舞传情，动人心弦。"眉目传情，顾盼生姿"历来是我国古代舞蹈艺术的重要特色，古代舞蹈艺人不仅注重形体表现，更强调以眼睛来传情达意。沈约诗云："如娇如怨状不同，含笑流眄满堂中。"(《春白纻》)舞人正是通过流波送情，含笑生姿，与观众沟通交流。唐代盛行的《胡腾》《柘枝》《霓裳》，舞人都是"扬眉动目踏花毡"(李端《胡腾儿》)，"曲尽回身处，层波犹注人"(刘禹锡《观柘枝舞》)。顾盼生姿的传情表演方式在后世成熟的戏曲舞蹈中表现得更为突出，戏曲演员当然需要以形体做功来表现角色的行动特征，但更讲究以眉目传情来抒写角色的内在心理。

我国古代舞蹈艺术丰富多姿，但留名的舞人却是少之又少。颖异如"菊夫人"也不知其名讳，只留下一个符号而已。清代文人王士禛有一首《题尤展成新乐府》的诗与本文较为契合，引录如下，并以之作结：

南苑西风御水流，

殿前无复按梁州。

飘零法曲人间遍，

谁付当年菊部头。

九

『今日蛾眉亦能尔，千载同闻侠骨香』

——说严蕊

　　严蕊的名字也许并不为今人所熟知。这位虽处于卑微地位，却拥有出色才学与铮铮侠骨的伶人，珍重情义，坚贞执忠，严守着自己认定的公私曲直。恰似一枝纤细的幽兰，在寂静的空谷里吐绽着嫩绿的花蕊，散发着沁人的馨香。

　　严蕊字幼芳，浙江天台人，生卒年不详，主要活动于南宋中叶，是隶属于官府的官伎。严蕊姿容秀丽，气质娴雅，且天性好学，聪慧敏捷，"尤有才思，而通书究达今古"（洪迈《夷坚志》）；她多识多才，擅长诸般技艺，无论琴、弈、歌舞，还是丝竹、书画，皆造诣不俗。

正因才艺冠绝一时，严蕊获得了四方才士的仰慕，许多权贵官宦亦对严蕊宠幸有加，这其中就有宋代著名学者唐仲友。

唐仲友（1136—1188），字与政，号悦斋，东阳（今属浙江）人。绍兴二十一年进士，历任台州知府、提点江西刑狱等。在任职台州期间，胸富才学的唐仲友对严蕊极为欣赏，两人过从甚密。一日宴饮间，恰逢桃红柳绿，春光大好，他便即席命严蕊赋咏红白桃花。严蕊不假思索，随口即成《如梦令》一首：

> 道是梨花不是，道是杏花不是，白白与红红，别是东风情味。曾记、曾记，人在武陵微醉。

该词典出陶渊明《桃花源记》，桃花、东风、武陵等意象组合成了一幅闲远幽雅的世外画面。自字面看来，词描绘了红白桃花的别样丰姿，且将花色之白白红红比拟人之酒酣微醺，借景物之春意姣好，衬托宴饮之人的超脱尘扰。词作虽有应景之意，但若联系严蕊之遭际，似乎还可品出另外一种情愫，作为一名歌妓，严蕊与文人士子志趣相投，但非妻非妾，这种若即若离、亦卿亦友的状态正暗合着那非梨非杏的红白桃花，确实别具一番韵味。词一出，唐仲友拍案叫好，赏了严蕊两匹缣帛。此后，严蕊之才名更广为流传。

又一次，时逢七夕，严蕊应邀前往唐仲友郡邸赴宴。席间有一豪士名叫谢元卿，亦久慕严蕊的声名，此刻得以相聚，一见倾心。他想领略这位以才情著称的美女是否真的名不虚传，就请严蕊作词一首，要求以自己的姓氏为韵。没料到，才始行酒，严蕊即已拈出佳词一首：

碧梧初出，桂花才吐，池上水花微谢。穿针人在合欢楼，正月露、玉盘高泻。蛛忙鹊懒，耕慵织倦，空做古今佳话。人间刚道隔年期，指天上、方才隔夜。《鹊桥仙》

　　词中，作者融入了诸多颇具代表性的七夕意象，如桂花、蜘蛛、鹊等。七夕乃我国传统的民俗节日，不仅是牛郎织女相会之日，还是民间的乞巧节。王仁裕《开元天宝遗事》中提到，每年七月七日，人们除了遥祝牛郎织女鹊桥相会外，还有种种乞巧之法，如"（宫女）登台以五彩丝穿九尾针，先完者为得巧，迟完者谓之输巧，各出资以赠得巧者焉"（陶宗仪《元氏掖庭记》），又"以小蜘蛛贮盒内，以候结网之疏密为得巧之多久"（周密《乾淳岁时记》），等等，故而词中有"穿针人在合

梨花带雨　　　　　　　　　　　　　　　116　|　117

欢楼""蛛忙鹊懒"云云。就词境而言，此作温婉含蓄，又于婉约中见出惆怅、悲伤之意。无论"慵""倦"，还是"空做古今佳话"，表面上流露出的是对牛郎织女这一天作之合的大胆思考与质疑，就实质来看，更是作者本人对理想爱情、完美人生的失望与幻灭。我们不难理解，一位终日以卖笑逗乐、逢场作戏来博取他人欢心的官伎哪有寻求幸福的理由与权利！她与文人士子的诗酒往来、卿卿我我其实也不过"空做古今佳话"而已。

严蕊吟罢此词，谢元卿为之心醉不已，如此才色双全之艺伶，真是人间难得！经唐仲友成全，谢元卿将严蕊邀留住处，时达半载之久。

但严蕊与文人官宦的交往在当时引起了许多非议。原来，宋代对官员与娼妓优伶的交往是有法令约束的，田汝成《西湖游览志余》卷二十一《委巷丛谈》谓："宋时阃帅、郡守等官虽得以官妓歌舞佐酒，然不得私侍枕席。"此所谓"官妓"乃由朝廷所有，服从政府管理，通常供官府宴饮娱乐庆祝之时遣用，是为"唤官身"；可见宋代官妓一般是献艺不卖身，但在官宦群体中，因贪图官妓美色而越出此疆界者大有人在，由此遭受处分的官宦也并不少见。譬如宋仁宗时，益州（今属四川）知州蒋堂（字希鲁，号遂翁）即因"私官妓，徙河中府（今永济蒲州）"（《宋史·蒋堂传》），又"王洙（字原叔）权同判太常寺，坐赴赛神

九 "今日蛾眉亦能尔，千载同闻侠骨香"

与女妓杂坐，黜知濠州"（《宋史·王洙传》）。但其实，嫖娼在宋代文人士大夫群体中是相当常见的，而官员之所以会因之遭受处分，大多是官僚集团之间互相倾轧的结果，因"私官妓"而获罪不过是政治游戏中的一个托词而已。

严蕊与唐仲友交往而致获罪正是这种情况。而为其罗织罪名者乃大名鼎鼎的朱熹，这位常以"十年浮海一身轻，归对梨涡尚有情。世上无如人欲险，几人到此误平生"（《自警》）自律的理学家原本与唐仲友在政治观点、理学见解上有矛盾，对唐仲友与严蕊的交往亦极为不满，故当以浙东常平使的身份巡视台州时，朱熹便搜集唐仲友之罪名，而其中之一就是指责其与严蕊滥交乱淫。

一夜之间，严蕊身陷囹圄。在狱中，她饱受折磨，被打得遍体鳞伤，但始终"一语不及唐"。后移至绍兴牢狱，仍守口如瓶，狱吏劝诱道："汝何不早认，亦不过杖罪。况已经断，罪不重科，何为受此辛苦邪？"严蕊果断地答云："身为贱妓，纵是与太守有滥，科亦不至死罪。然是非真伪，岂可妄言以污士大夫，虽死不可诬也。"（周密《齐东野语》卷二十）可谓义正词严。狱中数月，严蕊伤痕累累，痛苦几死。好在此案未结，朱熹即改除他去，由名将岳飞之后岳霖（字商卿）任职提点刑狱。得知严蕊之事，岳霖心中颇多怜惜，命严蕊作词自陈心意。满身病痛的

严蕊，把满腔冤屈全化为了这首《卜算子》：

> 不是爱风尘，似被前缘误。花落花开自有时，总赖东君
> 主。去也终须去，住也如何住？若得山花插满头，莫问奴归处。

全词语句细腻深婉，情思自然流畅，字里行间，寄托了严
蕊对过往的审视与痛惜，结句"若得山花插满头，莫问奴归处"

表达了对自由生活的向往与追求。听过严蕊之词，岳霖被这位苦命女子的过人才华深深打动，即日判她从良。从此，严蕊摆脱了纷扰之风尘，像许多寻常女子一样，嫁为人妾，在平淡中终其后半生。

走笔至此，我们还得提及唐仲友，虽然遭此挫折，但唐仲友的仕途并未受到太多影响。尽管朱熹屡次弹劾唐仲友，然其始终得到了同乡姻亲、时任宰相的王淮的庇护，当宋孝宗将朱熹所参示以王淮时，王淮道："此为秀才争闲气耳。"（周平园《王季海日记》）孝宗以为是，便分调二人，平息此事，唐仲友由台州知府迁江西提刑。且至今为止，虽然严蕊不计得失维护唐仲友，但没有发现任何材料记载过唐仲友对严蕊的贞义相助如何心存感激。这不禁令人扼腕。

《二刻拍案惊奇》中载录并发挥了严蕊的故事，颇具戏剧性色彩，尤其值得提及的是文中所录古风一首，情思酣畅，颇为中肯，兹引录如下：

> 贯高当时白赵王，身无完肤犹自强？
> 今日蛾眉亦能尔，千载同闻侠骨香！
> 含矉带笑出狴犴，寄声合眼闭眉汉。
> 山花满斗归去来，天潢自有梁鸿案。

九 "今日蛾眉亦能尔，千载同闻侠骨香"

据今人考证，唐仲友的确犯有官场上常见的受赃枉法等罪行（束景南《朱子大传》），那么耐人寻味的是，当初究竟是一种什么样的力量在支持着严蕊宁死不招呢？也许是出于真情，也许是恪守诺誓，更也许是出于她的侠骨柔肠。而严蕊的坚贞不屈，使唐仲友获得了风流潇洒的声名，亦使朱熹披上了"伪道学"的外衣——尽管，事实未必完全如此。

　　换一个角度看严蕊，囹圄之陷似乎又是其人生中的重要转机，如若不遭此劫，如若未被逼至绝境，严蕊或许仍在风尘中沉沦，在觥筹间继续着虚空靡乱的生活。正是这场劫难，让她幡然醒悟：山花插满头，才是最平淡、最真实的人生。

十

『春风十里扬州路，卷上珠帘总不如』

——说珠帘秀

【梁州第七】富贵似侯家紫帐，风流如谢府红莲，锁春愁不放双飞燕。绮窗相近，翠户相连，雕楹相映，绣幕相牵。拂苔痕满砌榆钱，惹杨花飞点如绵。愁的是抹回廊暮雨萧萧，恨的是筛曲槛西风剪剪，爱的是透长门夜月娟娟。凌波殿前，碧玲珑掩映湘妃面，没福怎能够见。十里扬州风物妍，出落着神仙。

——关汉卿【南吕·一枝花·赠朱帘秀】

这支曲子乃元代杂剧大家关汉卿所作，字里行间，情深意浓，将人物之仙姿美态、风情万种描绘得生动细腻。其中末句"十里扬州风物妍，出落着神仙"出自杜牧《赠别》："娉娉袅袅十三余，豆蔻梢头二月初。春风十里扬州路，卷上珠帘总不如。"曲中所咏这位"神仙"般的女子就是剧作家关汉卿的红颜知己，也是元代顶尖的杂剧演员——珠帘秀。

元朝是我国历史上第一个由少数民族统治的统一政权，也是我国历史上一个非常特殊的时代。在这个时代里，民族矛盾深重，而民族文化、南北文明的交流与融合却又极为繁密；科举考试遭到了取缔，阻断了广大汉族文人士子的晋身之阶、青云之路，却又使他们中的许多人与市民阶层紧密地结合在一起，通俗化、大众化的叙事文学在此时期得到了空前的兴盛。尤其是戏曲艺术，不仅涌现了无数优秀的剧作家和优秀的杂剧作品，而且还涌现出许多技艺超凡的戏曲演员。这其中，珠帘秀便是最值得称道的一位，她以深厚的艺术修养与精湛的表演技艺，创作出了令人瞩目的戏曲舞台形象，获得了众多文人士子的青睐与认可。

珠帘秀生卒年不详，姓朱，排行第四，又作朱帘秀。据王恽【浣溪沙·赠朱帘秀】："丝竹东山如有约，烟花南部旧知名。"（《秋涧先生大全文集》卷七七）及前引关汉卿"十里扬州风物妍，出落着神仙"，推知其主要活动于江南尤其扬州一带。珠帘

十 "春风十里扬州路，卷上珠帘总不如"

梨花带雨

秀"姿容姝丽"（陶宗仪《南村辍耕录》），身材窈窕，并且具有很高的戏曲表演天赋；她艺术功底精深，行当戏路相当宽广，胡祗遹说她："以一女子，众艺兼并。"（《朱氏诗卷序》）夏庭芝《青楼集》中亦对珠帘秀赞赏不已，将其称之为剧坛第一人，道："（珠帘秀）杂剧为当今独步；驾头、花旦、软末泥等，悉造其妙。"

关于珠帘秀的表演究竟是何等精彩，我们今天无法得见，但从一些书籍的载录中，还是可以欣赏到她那精湛绝伦的表演技艺。胡祗遹《朱氏诗卷序》（《紫山大全集》卷八）有这么一段精彩的叙述：

　　危冠而道，圆颅而僧，褒衣而儒，武弁而兵。短袂则骏奔走，鱼笏则贵公卿。卜言祸福，医决死生。为母则慈贤，为妇则孝贞。媒妁则雍容巧辩，闺门则旖旎娉婷。九夷百蛮，百神万灵。五方之风俗，诸路之音声，往古之事迹，历代之典型。下吏污浊，官长公清。谈百货则行商坐贾，勤四体则女织男耕。居家则父子慈孝，立朝则君臣圣明。离筵绮席，别院闲庭，鼓春风之瑟，弄明月之筝。寒素则荆钗裙布，富艳则金屋银屏。九流百伎，众美群英，外则曲尽其态，内则详悉其情。心得三昧，天然老成，见一时之教养，乐百年之升平。

珠帘秀扮演的角色可谓多矣，有道、僧，有儒、兵；有母，有妇；有媒婆，有闺秀；有下吏，有官长；有商贾，有织耕；有父子，有君臣；有贵公子，有闲儒士；有穷媳妇，有娇贵女……；这么多的角色行当，这么多不同时代、不同职业、不同性别、不同年龄、不同身份的人物，她都轻车熟路，外尽其态，内得其情，正所谓"心得三昧，天然老成"。珠帘秀戏路宽广，如果不具备丰富的生活体验和杰出的表演天赋是难以达到这种表演境界的。由于其表演功夫独步一时，元代后辈艺人尊之为"朱娘娘"，奠定了她在当时艺坛及后世戏曲史上的崇高地位。

珠帘秀不仅戏曲才艺独冠天下，她的文学艺术修养也极为深厚，可惜至今流传下来的仅《全元散曲》中收录的一首小令、一首套曲。且看其【正宫·醉西施】：

检点旧风流，近日来渐觉小蛮腰瘦。想当初万种恩情，到如今反做了一场僝僽，害得我柳眉颦秋波水溜，泪滴春衫袖。似桃花带雨胭脂透，绿肥红瘦，正是愁时候。

曲中抒发了一位闺中女子寂寞难耐的伤春之愁，旧日风流已去，满腹相思无凭，空对落花细雨，孤独惆怅顿生。末句化用

李清照《如梦令·昨夜雨疏风骤》一词，含蓄温婉，自然无痕。

由于珠帘秀诗文曲律皆通，又多才多艺，当时很多地位显赫的名公文士都对她极为欣赏、推重，我们兹举数例：

胡祗遹，字绍开，号紫山，磁州武安（今属河北）人，官至江南浙西按察使；工诗文、散曲，著有《紫山大全集》。胡祗遹在戏曲理论上有着自己卓越的见解，曾在《黄氏诗卷序》中提出了堪称戏曲演唱理论经典的"九美"说：

> 女乐之百伎，惟唱说焉。一、姿质浓粹，光彩动人；二、举止闲雅，无尘俗态；三、心思聪慧，洞达事物之情状；四、语言辩利，字句真明；五、歌喉清和圆转，累累然如贯珠；六、分付顾盼，使人人解悟；七、一说一唱，轻重疾徐，中节合度，虽记诵闲熟，非如老僧之诵经；八、发明古人喜怒哀乐、忧悲愉侠、言行功业，使观听者如在目前，谛听忘倦，惟恐不得闻；九、温故知新，关键辞藻，时出新奇，使人不能测度为之限量。九美既备，当独步同流。

胡祗遹的"九美"说在戏曲史上具有独特的意义，代表了元代文人对于戏曲演唱的基本审美观点。作为在杂剧剧坛独步一时的珠帘秀来说，想必也当得这种赞誉。身为才子的胡祗遹尝赠

十　"春风十里扬州路，卷上珠帘总不如"

予珠帘秀一曲【双调·沉醉东风】，道："锦织江边翠竹，绒穿海上明珠。月淡时，风清处，都隔断落红尘土。一片闲情任卷舒，挂尽朝云暮雨。"（《全元散曲》）不尽之惆怅与留恋尽在字句间，足见其对珠帘秀乃一往情深。

在珠帘秀的才子交游中，值得一提的还有元代有名的才子卢挚。卢挚字处道，一字莘老，号疏斋，又号嵩翁，涿郡（今河北涿州）人，至元五年进士，仕至翰林学士。卢挚学识丰赡，博洽有文思，长于诗文，著有《疏斋集》。卢挚与珠帘秀的交往，可谓是才子恋佳人，佳人惜才子，二人吟咏赏乐，曲词传情。兹将他们的赠答曲引录如下：

才欢悦，早间别，痛煞煞好难割舍。画船儿载将春去也，空留下半江明月。【双调·寿阳曲·别珠帘秀】

山无数，烟万缕，憔悴煞玉堂人物。倚蓬窗一身儿活受苦，恨不得随大江东去。【双调·寿阳曲·答卢疏斋】

不论"画船儿载将春去也"，还是"恨不得随大江东去"，表达的都是离别时的依依不舍、难别难分之情。从这两首曲子的语词与意境来看，卢挚所作颇才子气，而珠帘秀所作则更富有元曲的大胆泼辣味儿，可谓平分秋色。

钦定四库全书

提要

紫山大全集二十六卷　　集部五

别集类四　元

臣等謹案紫山大全集二十六卷元胡祗遹撰祗遹磁州武安人元史本傳載其字曰紹開然今民將在祗遹乃文考紹開衣德言實周書康誥之文核其名義最絀開當作紹開元史乃傳刻之訛也中統初張文謙宣撫大名辟祗遹為員外郎後官至江南浙西道提刑按察使延祐五年追贈禮部尚書謚文靖是集為其子太常博士持所編前有其門人翰林學士承旨劉賡序稱原本六十七卷歲久散佚今據永樂大典所載裒合成編釐為賦詩餘七卷文十二卷雜著四卷語錄二卷其間雜著一類祗遹一生所學具見於斯然體例最為冗瑣有似隨筆劄記者有似短章

他如冯子振，字海粟，号瀛州客，又号怪怪道人，攸州（今湖南攸县）人，仕至承事郎、集贤待制；其人博闻强记，以文章雄天下，曾赠之以《鹧鸪天》。王恽，字仲谋，卫州汲县（今属河南）人，官至翰林学士、知制诰；多有文思，长于诗文，尤其词作清丽雅正，赠之以《浣溪沙》。

珠帘秀与诸多文人士子的往来，不仅仅是其容貌姿色、歌舞才艺的吸引，同样还有着精神上、趣味上的交流与共鸣，这一点在她与关汉卿的交往中表现得尤为突出。作为杂剧作家与杂剧演员，关汉卿与珠帘秀的社会地位在当时都是相对低下的；同时，二人都酷爱着戏曲，共同有着杂剧创作、表演的兴趣爱好，关汉卿自称"是个普天下的郎君领袖，盖世界浪子班头"(【一枝花·不服老】)，而珠帘秀又是"独步一时"的名伶，如此二人的相识相交相知定然要较寻常交游更多一层关系，终成为难得的知己。虽然目前还没有发现史料记载过珠帘秀与关汉卿的具体交往情况，但关汉卿留存的赠曲却在情辞意句之中流露了点点滴滴的情愫，如："轻裁虾万须，巧织珠千串。金钩光错落，绣带舞蹁跹。似雾非烟，妆点就深闺院，不许那等闲人取次展。摇四壁翡翠阴浓，射万瓦琉璃色浅。"(【南吕·一枝花·赠珠帘秀】)曲中对优美娴雅环境的描写，意在衬托主人公珠帘秀姿容之美妙和品性之高贵，赞叹之意溢于言表。

尽管二人有着知己之意，但终究没有走到一起。据载，一度风光无限的珠帘秀，晚年流落至杭州，嫁给了一位名叫洪丹谷的钱塘道士，一直过着清贫而又平静的日子。据说珠帘秀临死之前，还戏心不改，为了死而无憾，她要求洪丹谷为自己歌上一曲，洪遂歌道：

清·胡锡珪《芭蕉仕女图》（局部）

　　二十年前我共伊，只因彼此太痴迷。忽然四大相离后，你是何人我是谁。共惟称呼秀钟谷，水声遏楚云。玉交枝坚一片心，锦缠道余二十载，遽成如梦令。休忆少年游。哭相思两手托空，意难忘一笔勾断。且道如何是一笔勾断，孝顺哥终无孝顺，逍遥乐永遂逍遥。（陶宗仪《南村辍耕录》卷十五）

听毕，珠帘秀一笑而卒，真可谓：是是非非全勾断，抛却尘世永逍遥。

近千年后的今天，人们仍然没有忘记这位元代最著名的戏曲演员。关于珠帘秀的故事，仍以各种形式传诵着、纪念着。

现代著名剧作家田汉的话剧《关汉卿》，1963 年由北京人民艺术剧院演出，导演为著名艺术家焦菊隐。《关汉卿》一剧描绘了关汉卿与珠帘秀至死不渝的爱情，所谓"发不同青心同热，生不同床死同穴"，剧中的关汉卿与珠帘秀志同道合，相扶相持，以《窦娥冤》一剧为核心，二人一个敢写，一个敢演，即便面对强权奸邪的打压迫害，他们也是心心相印，同仇敌忾。尤其一曲《双飞蝶》，唱出了两人美好的爱情与高尚的情操，既悲壮，又缠绵，既荡气回肠，又催人泪下。田汉《关汉卿》一剧，基本奠定了关汉卿与珠帘秀情感故事的基调，后来关于二人的剧作故事大多是加以发挥或改编增添而来。如豫剧新编历史剧《珠帘秀》，该剧由河南平顶山市豫剧团编排演出，讲述了关汉卿与珠帘秀之间动人的情感故事，以关、珠二人共同创作、表演《窦娥冤》一剧为主线，重点塑造了珠帘秀的形象，将她与关汉卿间的细腻情感表现得淋漓尽致，同时也刻画了二人如何与邪恶势力做斗争的前前后后，展现了他们高贵的人格品质。2005 年的河北梆子历史故事剧《大都名伶》也设计了珠帘秀这

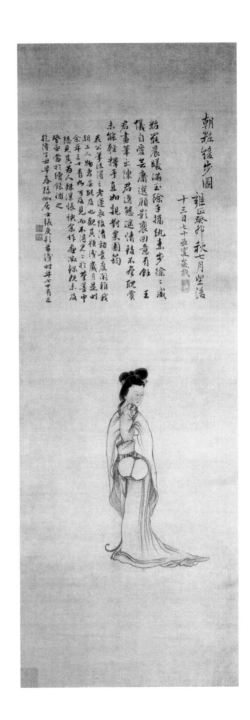

清·王树毅《朝妆缓步图》

梨花带雨

一主角形象。该剧主要讲的亦为珠帘秀与关汉卿相遇相知相爱的故事，戏一开始，珠帘秀被逼入行院唱戏，饱受凌辱，通过与关汉卿的交往，她日渐意识到自己存在的价值，便与关汉卿共同为了戏曲艺术奉献全部人生，终于由一名平凡普通的演员变成了一位不朽的表演艺术家。

现当代以来所演绎的珠帘秀形象无疑有拔高之嫌，体现着时代性的独特质素，但自古以来，文人墨客确乎更愿意以一种完美的形象来塑造珠帘秀，不是吗？冯子振的一阕《鹧鸪天》所咏叹的珠帘秀至今仍然留存在人们的记忆里：

> 红雾敛，彩云收，海霞为带月为钩。夜来卷尽西山雨，不著人间半点愁。

十一

『意态由来看不足，揭帘半面已倾城』

—— 说顺时秀

在元代伶人中，有一批以"秀"为艺名的女性优伶，除珠帘秀外，还有不少，如：梁园秀，"歌舞谈谑，为当代称首"；天然秀，"才艺尤度越流辈；闺怨杂剧，为当时第一手。花旦、驾头，亦臻其妙"；曹娥秀，"赋性聪慧，色艺俱绝"；小娥秀，"善小唱，能曼词"；赛帘秀，"声遏行云，乃古今绝唱"；天锡秀，"善绿林杂剧；足甚小，而步武甚壮"；丹墀秀，"有姿色，专攻南戏"；翠荷秀，"杂剧为当时所推"；燕山秀，"旦末双全，杂剧无比"（夏庭芝《青楼集》）。

本文要说的，便是诸"秀"中的重要一位——著名杂剧伶

十一 "意态由来看不足，揭帘半面已倾城"

人顺时秀。

　　顺时秀原姓郭，字顺卿，排行第二，人称"郭二姐"，容貌清丽，风姿闲雅，绰约动人；在戏曲表演上，顺时秀戏路颇宽，最擅长闺怨剧，"驾头、诸旦本亦得体"（《青楼集》）。元文宗时，顺时秀曾供奉于教坊，"文皇在御升平日，上苑宸游驾频出。仗中乐部五千人，能唱新声谁第一。燕国佳人号顺时，姿容歌舞总能奇"（高启《高太史大全集》卷八），可知其一度为宫廷教坊中的名伶儿，陶宗仪《南村辍耕录》亦赞其"资质聪颖，色艺超绝，教坊之白眉也"（卷十九《妓聪敏》）。

　　顺时秀与一些文人、剧作家多有交往，如名士刘时中。刘时中名致，号通斋，生卒年不详，仕至翰林待制、江浙行省都事等。观看过顺时秀的精彩表演后，刘时中醉心不已，尤其赞叹顺时秀美妙的歌声，誉之为"金簧玉管，凤吟鸾鸣"（夏庭芝《青楼集》）；又如博才宏识而被推为"元代诗坛四大家"之一的虞集，顺时秀曾为之歌短柱体《折桂令》佐樽，虞集爱其新奇，赞赏有加，且仿作一首（《南村辍耕录》）；还如杨显之，乃元代著名杂剧作家，贾仲明《续录鬼簿》"杨显之"条有"王元鼎师叔敬，顺时秀伯父称"句，故知顺时秀与杨显之当有较为亲密的关系。

作为一位才艺双全的名伶，顺时秀的美艳风流得到了众多文人官宦的倾慕，但她对王元鼎最为钟爱。

王元鼎，官翰林学士，为人博学多识，工诗文散曲，《全元散曲》中收其小令七首，套数二套，语词清雅，才情富溢，风格明丽。王元鼎待顺时秀也一往情深。一次，顺时秀偶然染了疾病，想吃马板肠，元鼎得知后，命人将自己心爱的骏马杀了，取出马肠，以供顺时秀解馋。王元鼎的一片真情，令顺时秀感动不已，此后二人的情感亦更加浓烈，直教旁人羡慕不已。

王元鼎为顺时秀杀马取肠之事，一时在大都被传为美谈，顺时秀之声名亦因之而越传越广，但也招引了不少朝廷权宦的侧目，阿鲁威便是其一。阿鲁威（约1280—1350），字叔重，号

梨花带雨

东泉，人或以鲁东泉称之，蒙古人；历仕南剑太守、经筵官、参知政事等职，在朝颇有地位。阿鲁威对顺时秀才貌十分中意，自以为获其芳心易如反掌，一次，阿鲁威故意向顺时秀发问道："我与王元鼎相比如何？"王元鼎是汉人，阿鲁威是蒙古人，依据元代法令规定，蒙古人的社会等级是要高于汉人的，更何况阿鲁威本人是家缠万贯的权重高官。就地位与财富而言，王元鼎自然不及阿鲁威，阿鲁威的发问其实带有明显的挑衅意味。顺时秀天性聪颖，岂能不知阿鲁威之意，略加思索，便不慌不忙地答道："参政，宰臣也；元鼎，文士也。经纶朝政，致君泽民，则元鼎不及参政，嘲风弄月，惜玉怜香，则参政不敢望元鼎。"（夏庭芝《青楼集》）这番话不但稳重得体，机智沉着，而且不卑不亢，婉转聪明，既恭维了阿鲁威的权势地位，同时又称赞了王元鼎的才情风流。阿鲁威亦知书达礼之人，朱权《太和正音谱》评其词"如鹤唳青霄"，好歹也是个文士，当然明白顺时秀话中的别样意思，最后一笑作罢。在与阿鲁威这些权豪势要的交往中，顺时秀步步谨慎，语语小心，她的沉稳得体令人激赏，堪比《陌上桑》中与使君斗智的秦罗敷。

在元代优伶史上，还有许多与顺时秀相似的伶人，她们忠贞于爱情，不畏权势。夏庭芝《青楼集》中就载有汪怜怜、王巧儿、樊事真等数位，为了宝贵的爱情，或难得的婚姻，她们

坦诚而多情，隐忍而坚韧，执著而刚强。

　　汪怜怜，湖州有名的艺伎，姿容秀丽，擅长杂剧表演。经历官涅古伯对其宠爱有加，周旋日久，情意愈加深重，然终究不过是文人与妓女之间的无根风流，怜怜对涅古伯道："若不弃寒微，当以侧室处我。"（《青楼集》）所幸涅古伯当下欣然同意，备赠礼金，纳汪怜怜为妾。得到正式名分后，汪怜怜从此断绝风尘，恪守妇道，然而好景不长，三年后，涅古伯病逝。伤心之余，汪怜怜削发为尼。但无奈那些对她倾慕已久的士子公卿仍旧前来追求骚扰。为摆脱这种纠缠，汪怜怜痛下狠心，自毁形容。

最终在木鱼青灯、古树荫森之中，平静而孤独地度过了后半生。

王巧儿与汪怜怜一样，也厌倦了风尘生涯。巧儿乃大都名妓，"歌舞颜色，称于京师"。久处风尘，见惯了逢场作戏，金钱买笑，王巧儿盼望能遇到一份真情良缘，幸而遇到了风流士人陈云峤，陈对她百般宠爱，让她感受到了有力的依靠，一心想嫁入陈家。但鸨母却百般阻挠，谓："陈公之妻，乃铁太师女，妒悍不可言。尔若归其家，必遭凌辱矣。"其坚持道："巧儿一贱倡，蒙陈公厚眷，得侍巾栉，虽死无憾。"鸨母深谙王巧儿生性执拗，又畏于陈云峤的权势，不敢明白阻拦，于是她偷偷将全家搬至一僻静之所，并继续为王巧儿寻找富有的商贾客人。过了十余日，伤心郁闷的王巧儿暗地里托人带口信至陈云峤，道："母氏设计，置我某所。有富商约某日来，君当图之，不然恐无及矣！"富商果然如期而至，焦虑无助之中，王巧儿"辞以疾，悲啼宛转，饮至夜分，商欲就寝。王掐其肌肤皆损，遂不及乱"（《青楼集》）。后陈云峤厚赠鸨母，携王巧儿归江南，并将之纳为侧室。据说，陈云峤卒后，王巧儿敬守家业，多得人赞誉。

樊事真为了保住一份感情，其行为更为惨烈。樊事真乃京师名妓，色艺出众，仕宦周仲宏留恋日久。后周仲宏归返江南，樊事真在齐化门外为之饯行，仲宏道："别后善自保持，毋贻他人之诮。"樊事真以酒浇地，发誓道："妾若负君，当刳一目以谢君子。"但仲宏走后不久，就有一权豪子弟找上门来，迫其权势地位，鸨母不敢得罪；更何况此人家业厚实，出手阔绰，鸨母贪财好利，变着法子对樊事真日夜相逼。凌迫之下，事真最终没能守住当初许下的誓言。周仲宏回到京师后，樊事真为未能守约而倍感羞愧，道："别后非不欲保持，卒为豪势所逼，昔日之誓，岂徒设哉。"她抽出金篦，刺己左目，当即血流如注。周仲宏惊骇不已，连忙救护，心中的不快与怒火顿消，两人终又欢好如初。

樊事真以鲜血与自惩对自己的所作所为作了一个残酷的了结，既展现了她忠烈的品格，同时也挽救了一段难得的真情。事实上，我国古代封建社会从来就没有对一个艺妓的伦理纲常提出过过多的道德要求，而樊事真这种果敢刚烈、重然重诺的品

十一 "意态由来看不足，揭帘半面已倾城"

行，可谓是对历史上歌妓优伶形象的一个正面拨转，亦成为元代女性大胆泼辣、敢作敢为的一个典型人物。

对于樊事真、顺时秀等女性，后人多津津乐道，甚至还编成戏曲作品来播演，如樊事真"刺目"之事，有人据此题材写了一个杂剧，名为《樊事真金篦刺目》；按《录鬼簿续编》载录，对于顺时秀之力拒权豪势要，贾仲明亦曾改编为杂剧《顺时秀月夜英山梦》，惜今佚。

没有人知道顺时秀与王元鼎最终是否圆满恩爱，直至白头。其实，元代法令是禁止官宦娶妓为妻的，据《元史·刑法志》："职官取娼为妻者，笞五十七，解职，离之。"大多的娼妓从良，只是被纳为地位低下的偏房侧室，如王巧儿、汪怜怜等。这似乎又不得不让人怀疑王元鼎对顺时秀的专一爱情，谁能知道她一旦回归正常家庭后，又将会遭到怎样的毁谤与责难呢？

元代文人张昱（字光弼）曾赋《辇下曲》咏叹顺时秀，兹摘以作结，凭吊一番这位才、艺、品兼备的绝世伶人：

> 教坊女乐顺时秀，
> 岂独歌传天下名。
> 意态由来看不足，
> 揭帘半面已倾城。

十二

『人间亦有痴如我，岂独伤心是小青』

—— 说商小玲

　　明代戏曲史上有一部柔美似水、温润如玉的绝世佳作，名叫《牡丹亭》，它的出现，见证了一个时代"情"的觉醒。剧中优美动人的曲词，芬芳幽怨的意境，诉说了一个荡气回肠的爱情传奇。一曲《牡丹亭》，曾使多少人为之伤怀感叹，为之魂牵梦萦，又演绎了多少令人伤心的真实故事！

　　商小玲的故事就是其中最为凄婉的一个：

　　明代，在繁华的杭州城内，有一个叫商小玲的红伶，她貌美如花，技艺超群，尤其擅演《牡丹亭》中的杜丽娘，名重一时。商小玲曾有自己心仪的人儿，但因种种缘故未能结成连理，

此后她便将自己比作为情生生死死的杜丽娘，相思不得，寡语少欢，孤闷袭人，渐渐郁积成疾。凡演出《牡丹亭》之《寻梦》《闹殇》等出，她便情不自禁，与杜丽娘你我不分，惺惺相惜，以至于痴怨满胸，气血日虚，身体每况愈下。一日，商小玲正在场上演出《寻梦》，当唱至"使打并香魂一片，阴雨梅天，守

十二 "人间亦有痴如我，岂独伤心是小青"

得个梅根相见，盈盈界面"句时，悲恸过度，随身倒地，长袖孤寂，久久不起。待扮演春香的演员上前探视，摇之呼之皆不应，以手触鼻，才发现她已经气绝身亡，香魂远逝了。（沈名荪《蛾术堂闲笔》）

商小玲饰演杜丽娘一恸而亡的故事一直流传至今，她是戏曲史上唯一一位因《牡丹亭》而香消戏台的女伶，她的痴于悲情，她的红颜薄命，给世人留下了无限的想象与不尽的欷歔，更为《牡丹亭》的广泛流传增添了几分俗世的哀伤。

"情不知所起，一往而深，生者可以死，死可以生。生而不可与死，死而不可复生者，皆非情之至也。"（《牡丹亭·题记》）深怀对现实的慨叹，长存对浪漫的憧憬，伟大的文人戏曲家汤显祖描绘了人世间这最虚幻又最浪漫的爱情。在封建制度高度完善的明清时期，《牡丹亭》中对"情"的执著追求与大胆张扬，不知吸引了多少青年男女，也不知勾起了多少断肠人的痴情！那种跨越时空的忘我与痴迷，那种剧中人与剧外人无法辨识的沉醉，不仅仅使戏曲演员商小玲一人形销骨毁，处于不幸境遇中的青年男女们，尤其是那些渴望爱情却始终难遂其愿的弱女子们，都情不自禁地对杜丽娘的遭遇产生了强烈的共鸣。

江南名媛冯小青，相传为明代万历年间人，本为广陵（今扬州）世家女，自幼锦衣玉食，后因家道败落，流徙杭州，为当地

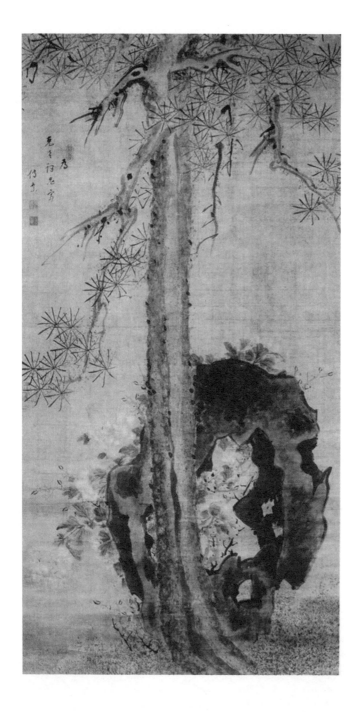

十二 "人间亦有痴如我，岂独伤心是小青"

一个家境殷实的冯姓士绅纳为小妾。小青姿容秀丽，仪态端雅，聪颖有学。由于常怀身世之感，小青悲秋伤春，多愁善感，更由于身为二房，受尽大房的妒忌、排挤与欺侮，整日郁闷不乐，泪痕不断，甚而惶恐飘忽，了无宁日，尝自叹道："垂帘只愁好景少，卷帘又怕风缭绕。帘卷帘垂底事难，不情不绪谁能晓！"（《焚余稿》）迫于正妻的淫威，小青迁至西子湖畔的孤山别业，其地虽梅树成林，景色宜人，但幽静冷寂，小青日夜顾影叹息，自怜自怨，细细咀嚼着《牡丹亭》的生死别离，深深为之所动，尝吟诗遣怀："冷雨幽窗不可听，挑灯闲看《牡丹亭》。人间亦有痴如我，岂独伤心是小青。"郁闷积胸，又添肺痨，不久便魂断孤山。

娄江女子俞二娘，"秀慧能文辞，未有所适"，酷嗜《牡丹亭》，不仅反复阅读，且以蝇头小楷批注，密密麻麻，极其详尽。因入情太深，二娘时时误以为剧中人，又屡屡感伤个人遭际，终一恸而亡，时年 17 岁。得知此事后，汤显祖感慨不已，作《哭娄江女子二首有序》（《玉茗堂诗》之十一）深深悼之。又传说有一内江女子，"自矜才色，不轻许人"，读过《牡丹亭》后深为汤显祖的才气所折服，径往西湖造访汤显祖，愿意与之为婢，殊不料汤显祖当时已经是白发苍苍一老翁，佝偻拄杖而行，该女子见后伤心失望至极，因投于水（焦循《剧说》卷二引黎潇云语）。扬州女子金凤钿，喜翰墨，尤嗜词曲，对《牡丹亭》有深癖，屡次托人打听汤显祖的消息，并致函表达仰慕之意，待汤显祖收到书信，为其情意所动前来探望时，金凤钿却早已仙逝一月，据说临终前她还念念不忘嘱咐家人，一定要以《牡丹亭》陪葬，可见其对《牡丹亭》之迷恋，亦可想知其人之性痴（邹弢《三借庐笔谈》）。此外，《红楼梦》第二十三回中也描写了这样一个场景：林黛玉在梨香院墙角听园内的优伶们唱戏，听到"则为你如花美眷，似水流年"这几句时，不觉心动神摇，又至"你在幽闺自怜"等句时，愈发如醉如痴，站立不住，一蹲身便坐在了一块山子石上，细嚼"如花美眷，似水流年"八个字的滋味，心旌摇荡，神魂失倚。

上述以商小玲为代表的诸多明清弱女子对《牡丹亭》的沉醉痴迷，从一方面体现了作品艺术成就的高超与思想内涵的深邃；而从另一角度言之，商小玲等女性如此偏爱《牡丹亭》，其背后却深藏着难以言说的缘由。

外在的封建制度为女性套上了难以摆脱的精神桎梏，种种扼制人欲的礼教法规使重压下的女性罕有自我选择、自在呼吸的空间；但作为一名女性，她们又有着内在丰富的生理与心理需要，外在制度的压抑与内在欲望的需求相对抗、相挤压时，激烈的矛盾就会产生，而处于弱势群体位置的女性们，几乎永远都不可能成为矛盾斗争的胜利者，她们迫切需要寻求能与其自身境遇产生共鸣的寄托。而倡导自然人性、歌唱自由爱情、抗争禁欲主义、充满浪漫色彩的《牡丹亭》恰好催生了文学接受群体中如此凄婉迷离的传奇故事。

　　屈身于矛盾的夹缝中，诸多女性往往容易出现或痴迷、或"影恋"的病理征兆。痴迷之表征，最显而易见的就是酷嗜《牡丹亭》，但入得剧中又出不得其外，商小玲魂销舞台、内江女子投水而亡即为显例；所谓"影恋"则是一种自我恋，从心理学上来说属于性心理变态的范畴，著名社会学家潘光旦在研究冯小青时就用了这个名词（《冯小青心理变态揭秘》），即谓正常的需要得不到满足，退身于同自己的影子喃喃对语，生活在自己想象的世界里，如黛玉之喃喃自语、自怨自怜，而商小玲与杜丽娘之心神相通，沉迷于自己建构的幻想与想象中，也印证着"影恋"之存在。

　　较之寻常女性，商小玲病征的背后存在更为复杂的内容：

　　由于优伶这一特殊社会身份，她在爱情婚姻问题上注定有着许多常人难以知晓的苦衷。在我国古代社会，由于封建制度等级森严，婚姻关系常常以家世门第与权势财富为基础，婚姻的缔结难以超越阶级或阶层的制约，而社会的歧视与作践则几

秋来纨扇合收藏何事佳人重感伤请托深情

详细眉大都难不逐炎凉晋昌唐寅

十二 "人间亦有痴如我，岂独伤心是小青"

乎切断了优伶与外部世界，尤其与上流社会婚姻关系的缔结，使伶界形成了特有而不正常的"内群婚配"的婚姻关系，优伶永远地被禁锢于一种相对低下的文化层次与颇为单一的职业层次中。明清法律条文甚至还规定，凡优伶与"良人"通婚，杖一百，而如果官吏娶优伶为妻室，则"杖六十"。所以，官宦子弟纵然有迷恋女艺人者，但通常仅限于逢场作戏般的玩弄，若娶为妻室，则会被视为玷污门第的丑闻，元杂剧《宦门子弟错立身》中的延寿马迷恋伶人王金榜而受阻便是典型的例子，诸如"她是伶伦一妇人，何须恁用心""因迷散乐王金榜，致使爹爹捍离门"等剧中语，皆可证之。因此，优伶身份注定商小玲在寻求爱情、婚姻的情感道路上将会比寻常女子受到更多的阻碍，遭遇到更多的不如意。

商小玲因相思而恸亡，具体细节、前因后果如今已无从得知，但我们知道的是，她并未颓然于命运的安排，而是一直在内心苦苦挣扎，在不甘中，她的相思与痴迷已经深入了骨髓，不仅痴于"情"，甚而还痴于"戏"。为赢得观众的认可，她在舞台上全身心地投入表演，生动逼真地诠释出剧中人物的形神，一次次深入杜丽娘的内心，一次次获得真切的感受，也一次次深化着自己对杜丽娘的认同感。如此导致的结果，却是成就了一位名副其实的"戏痴"——她最终因戏而亡。

十二 "人间亦有痴如我，岂独伤心是小青"

蒲松龄道："性痴，则其志凝：故书痴者文必工，艺痴者技必良。"（《聊斋志异·阿宝》）从演员这个角度来评价商小玲，她应该说是敬业的、出色的，她在自己的表演中倾注了痴心真情，而"只有情真才动人"却是一条颠扑不破的表演真谛。作为一名演员，如果能在舞台上化身入戏，让自我进去，使人物出来，以剧中人之悲喜为悲喜，那戏就不再是戏，而是真我性情的自然展示与现实流露，这样的戏又怎么会不动人，又怎会吸引不了广大的观众呢？

明代文人张岱曾道："人无癖，不可与交，以其无深情也；人无疵，不可与交，以其无真气也。"（《陶庵梦忆·祁止祥癖》）不痴自然无癖，无癖当无深情，故深情者定然要有一颗痴心也。翻阅承载几千年世情轨迹的文学史，除了商小玲等怨女，许多痴男形象也值得提及，因为他们正是以一己之"深情""真气"构成了文学长河中不多见的另类经典。如《史记·苏秦列传》中所载之尾生，"与女子期于桥下。女子不来，水至不去"，他最后"抱柱而死"，后世也就有了"尾生之信"的成语典故；蒲松龄《聊斋志异》则出色描写了许多典型的情痴男子：《连城》中的乔生为了给连城治病，自割体肤，又因连城之死而一恸而亡，在阴间相会时向连城坦言："卿死，仆何敢生！"《青凤》中的耿去病与青凤一见钟情，拍案道："得妇如此，南面王

十二 "人间亦有痴如我，岂独伤心是小青"

不易也！"《阿宝》中腹有才学却因迂讷痴憨而被人呼为"孙痴"的孙子楚，为了娶得阿宝为妻，以斧头自断畸指，以至于"大痛彻心，血溢倾注"，痴性憨傻的他最终赢得了珍贵的情感与美满的婚姻。这些情痴男子，将爱情尊为超越权势富贵、超越自己血肌体肤乃至超越个人生命之上的不易之宝，可见出其情真性痴以及对爱情的至诚无私。

真爱是抽象的，它似风无迹，似云无痕，似海无涯，似山无声；真爱又是永恒的，若石不烂，若水不断，若日不落，若尘不变。"人生自是有情痴，此恨不关风与月"（欧阳修《玉楼春》），这是渴望受到真爱眷顾的女性们所坚执的理念。对爱的追求是人的本能，现实境遇的阻碍激使人们更加期待生命中的爱情会像烟火一般灿烂辉煌，然而自古以来真正能够顺利得到的又有几人！其实，"人间亦有痴如我，岂独伤心是小青"不仅仅是一声穿透时空的悠叹，更是一句历久弥新的心咒，在一代代的痴情男女中凄然唱咏，传诵不绝。

十三

『不是一番寒彻骨，怎得梅花扑鼻香』

——说马锦

古人常以"悬梁刺股""囊萤映雪""不是一番寒彻骨，怎得梅花扑鼻香"等名言警句鞭策文人士子勤奋求学。而对于从事戏曲行业的优伶而言，更须如此。俗话说：台上一分钟，台下十年功。若要赢得广大观众的认可与喝彩，若要在舞台上闯出自己的一番天地，除各人之天赋灵性外，还需要持之以恒的悉心钻研和刻苦磨炼。

号称"明末四公子"之一的侯方域是明末清初著名文人，他写过一篇古文《马伶传》，流传甚广，至今仍为人传诵。《马伶传》固然文笔优美，叙述动人，但其传诵不绝的一个重要因

黄金布地梵王家
白玉成林晓液花
对酒不妨还弄墨
一枝清影写横斜

梨花带雨

素则是文中主人公——戏曲演员马锦那传奇般的人生经历与执著的习艺精神。

马锦字云将，先辈为西域人，很可能为回族，故又称作马回回。主要活动于明末，是南京城内有名的戏曲演员。当时，南京有许多出色的戏班，声名最著者有二：一为兴化部，一为华林部。而马锦就是兴化部的头号红角。

某日，新安商贾举办戏曲大会，邀请兴化部与华林部共同表演，并将他们分别安排于东、西两戏台，演出剧目均为《鸣凤记》。开场之初两戏班表演都很精彩，但当演至夏言与严嵩两位相国争论应否收复被敌军侵占的河套这一出时，由于华林部扮演严嵩的李伶演技深厚，表演生动逼真，所有观众遂西向而观，为之叫好；东戏台的马锦则羞愧难当，只得罢戏而逃。马锦这一逃就是三年，但三年间，他并非遁居深山自怜自叹，而是赶往了京师。听说当朝相国顾秉谦与奸相严嵩属同类人物，马锦便在顾氏门下当了三年差役，日日留心观察顾秉谦的行为举止，仔细把握其说话的神态语气，久而久之，便掌握了顾秉谦的形神特点。三年后，马锦返回南京兴化，重邀华林部的李伶斗艺演出《鸣凤记》。这时，他扮演的严嵩一出场便令众人大为惊叹：这完全就是一个"活严嵩"！连演技过人的李伶亦不由得失声匍匐，自叹不如，转而拜其为师，此后兴化部的声名亦远胜华林部。

当年侯方域写《马伶传》，不排除暗讽朝臣顾秉谦的可能。顾秉谦，江苏昆山人，万历二十三年进士，天启中仕至礼部尚书、入内阁，崇祯初年以魏忠贤阉党逆案遭贬。顾秉谦乃奸宦魏忠贤门下走狗，对魏忠贤极尽阿谀谄媚之能事，甚至携儿子向魏忠贤叩拜，道："本欲拜依膝下，恐不喜此白须儿，故令稚子认孙。"须发花白的老头子硬要拐弯抹角、变着花样地给比自己小的魏忠贤当儿子，可见其人品之鄙劣奸猾，实与严嵩不相上下。从这个层面来说，侯方域此文颇具针砭时弊、讽谏朝官的政治意义。不过，若从戏曲表演的角度来阅读这篇传记，则可看出作者另一更明显的目的，即褒赞马锦作为优秀戏曲演员所具有的品质：细致观察，体验生活；善学苦练，意志坚定。确实，现实生活是一切艺术创作的源泉，对于从事表演艺术的演员而言，这一点尤其重要。细致观察生活、悉心体验生活的过程其实就是积累认识、储备经验的过程，经验知识积储得越丰厚，感悟力与判断力就越能得到锻炼，想象力与表现力也就越强，舞台演出不仅会更加自然真实，而且还会有更大的发挥空间。

事实上，并非所有艺人都有坚定的意志与吃苦的精神去感知原生态的生活，而马锦之可贵即在于他做到了常人所不能做的：为学艺而抛弃所有，深入生活，苦蛰三年，不成不归。试想，马锦当初以地位卑下的仆人身份蛰伏奸相府邸，在一千多个日日夜夜中，有谁会把他像当初在兴化部那样当角儿追捧？在那样一个乌烟瘴气的生活环境中，他又会遭到怎样的刁难与欺侮，会付出怎样尴尬的代价！难道他就从未萌生退意？没有史料记载过这些，我们只知道：马锦坚持三年，终得成功。侯方域叹曰："其志如此，技之工又须问耶？"(《马伶传》)的确，其实马锦最终是否学成并不重要，是否雪耻更无足轻重，仅凭他学艺之传奇事迹与执著精神便值得世代称道。

无独有偶，除了马锦，明代还有一位在戏曲表演上钻研敬业的伶人，他叫颜容，字可观，生卒年不详，镇江丹徒（今江苏

宦官俑

丹徒）人。颜容本"良家子，性好为戏，每登场，务备极情态；喉音响亮，又足以助之"（李开先《词谑》）。有一次，颜容与人合演《赵氏孤儿》，扮演公孙杵臼，剧中，公孙杵臼为救皇室幼孤赵武而大义献身。情节本应壮烈感人，但台下观众却毫无悲戚之色，颜容的表演显然没有打动观众。他羞愧难忍，散戏后回到家里，左手揪扯着胡子，右手重重地扇自己耳光，直打得面颊赤红肿痛，浑身血往上涌。待酝酿好情绪，他便抱着一个木雕小儿，念说一番，歌唱一番，泣哭一番，"其孤苦感怆，真有可怜之色，难已之情"（李开先《词谑》）。如此日复一日，再三练习，颜容完全把握并表现出了主人公的凄惨命运和悲愤情感。又一日，再次演出《赵氏孤儿》，颜容所演的公孙杵臼形象细腻真实，内心饱含无奈悲愤，神情壮烈痛苦，歌唱凄婉动情。台下千百观众被深深地感动，现场咽泣一片。

在古代优伶史上，这种勤学苦练、精益求精的演员代不乏人，清代优伶米喜子也值得一提：米喜子（1780－1832），清代著名汉调演员，本名应生，一作应先，字石泉，号桃林，湖北崇阳人。米喜子工生行，尤工红生。红生是一种戏曲角色行当，勾红脸，通常扮演三国戏中的关羽，随着关羽戏剧目增多、表演自成体系，形成红生专行。红生要求演唱者嗓音宽浑高亢，武功扎实，在我国早期京剧舞台上，扮演关公的红生以米喜子最

为有名。米喜子约于清嘉庆年间加入春台徽班，进京演唱，曾担当春台班台柱多年，清人李元复《常谈丛录》云："京师优部，如春台班，其耆者也，二十年来皆以米伶得名。……远近无不知有米喜子者，即高丽、琉球诸国之来朝贡者或就学者，亦皆知而求识之。"米喜子获此隆名并非一日铸就，而是归因于他在日常练习中付出了远超于常人的努力。清人杨懋建《梦华琐簿》云："（米喜子）刻意求精，家设等身大镜，日夕对影徘徊，自习容止。积劳成疾，往往呕血。"米喜子饰演的关公重唱轻做，尤重"神"气，不似寻常伶人以油彩涂抹红面，而代以略扑水

十三 "不是一番寒彻骨，怎得梅花扑鼻香"

粉，扎包巾出。当年他与程长庚于京师前门外三庆园合演《战长沙》，分饰关羽、黄忠，他扮演的关羽只先着行头，不饰面妆，上场前将备好的一壶酒一干而尽，至台口时，甩落遮面水袖一亮相，酒力尽发，俨然一位面如重枣、凤目蚕眉的"关圣帝君"，台下观众立时跪倒一片，以为关帝显灵。以后，只要是米喜子演出关公戏，只要有酒，"关帝"皆能"显灵"。据说自米喜子后，由于其他艺人难与之媲美，京师歌楼还一度不敢再演关公戏。米喜子所扮演的"关帝"已经成为那个时代广大观众心中乃至我国戏剧史上的一个经典。由此，米喜子也被视为近代著名汉调演员余三胜的先驱，往后程长庚的"关羽"戏也基本上是在延续他的艺术风格和套路。

在近代戏曲史上，戏曲大家们苦练勤学的例子也举不胜举，光绪年间著名京剧小生徐小香善演周瑜，素有"活周瑜"之誉，他每次演出回家都要重新着装在镜前复演一遍，根据演出时观众的情绪反馈，审视演出的成败得失，"镜前默戏"达几十余年；谭鑫培早年为了练艺，随同"粥班"（指戏班唱戏收入微薄，仅供喝粥，又因演出场地乃草草搭建，亦叫"草台班"）"跑帘外"（因无固定戏院上演，戏班跑东跑西，故云"跑帘外"）多年，风餐露宿，含辛茹苦；言菊朋为了学戏，以票友的身份十几年如一日地潜心观摩谭鑫培的表演，风雨无阻；程砚秋幼时

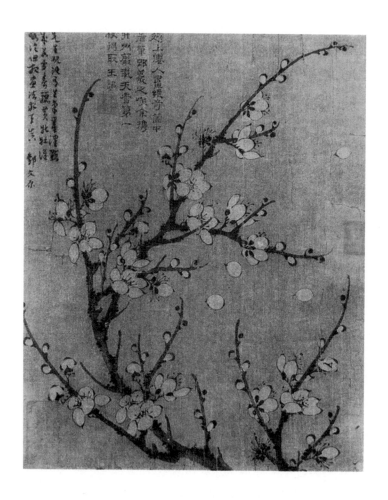

在科班练功，吃尽苦头，但他忍辱好学，终其一生都勤奋苦练；梅兰芳因眼睛近视，特地养了许多鸽子，日日傍晚循鸽飞踪迹练习眼神，为了丰富自己在京剧服装、化妆、舞美等方面的线条色彩感，他还特意向吴昌硕、齐白石等大师学习绘画。

自古以来，人们在赞美孤傲高洁的品格和坚贞执著的精神时常常以"梅花"作喻："宝剑锋从磨砺出，梅花香自苦寒来。"梅花那种不畏天寒地冻，不惧风刀霜剑，数九腊月迎风盛开的自然品性确实激励着人们砥砺拼搏，努力奋进。我们以上描绘的那些杰出艺人的成功经验也证明了这一道理。走笔至此，不禁想起自 1983 年以来诞生的我国戏剧表演艺术的最高奖 —— 中国戏剧梅花奖。该奖项将"梅花"作为文化象征，其取意正是以"梅花"之高洁执著来鼓励戏曲演员，努力创造中华戏曲的美好明天。

无论结局最终是否可以成功，奋斗的过程才是最令人感动的。优秀戏曲家们的经历告诉我们：表演艺术是一项严肃的事业，如果没有对艺术的执著精神，如果缺乏对艺术的精益求精，很难成为一名出色的演员；腹中空空，情思淡淡，仅凭先天禀赋而不具备多方面艺术营养的涵养，至多只能成为昙花一现的"弄潮儿"。

十四

『天锡串戏妙天下，佳剧出出有传头』

—— 说彭天锡

在我国戏曲史上，有这样一些人，虽然不是专业戏曲演员，但他们对戏曲的热情丝毫不亚于从事梨园行当的人士。他们爱看戏，也爱唱戏，除了怡情娱乐、遣怀解忧，他们对戏曲活动几乎不抱功利目的。他们时常会聚集在适当的时间、特定的场所里练唱、排戏、喊嗓子，也经常会作为业余演员，或者偶尔作为候补演员上场表演，过上一把戏瘾。这些人，便是梨园界通常所说的"票友"。

票友的活动组织与活动场所通常被称作"票房"，如清同治、光绪年间京剧"票友"的"票房"就有北京朝阳门大街的

梨花带雨

"关帝庙"、西城的"松筠庵"、地安门大街的"翠峰庵"等等；
票友的戏曲表演活动被称为"走票"或"玩票"，如果票友投
身于专门营利性的商业演出，则被称为"下海"。

关于票友称呼之缘由，历来争议不少，主要说法有这几种：
一说，康雍年间，清兵与西北边陲的少数民族作战，军务之暇，
八旗子弟凭朝廷颁发的"龙票"在军营内演唱八角鼓、清音子
弟书等，既作军中娱乐又鼓舞士气，演出时高挂"龙票"，上写
明"分文不取，茶水不扰"。发展到后来，凡业余表演戏曲曲艺
并不收取酬劳者均被称为"票友"；二说，清初政局不稳，朝廷

东晋·顾恺之《斫琴图》

为了巩固统治，树立大清的威信，同时消除人民的敌意，宗人府给八旗子弟发放"龙票"，让其凭"龙票"到各地传唱"子弟书"，为清廷歌功颂德，后来这种不拿酬劳、业余演出的戏曲曲艺演员也被称作"票友"；三说，道光年间，为禁止八旗子弟兵擅自入戏园看戏，朝廷设立了一种只演唱太平鼓词的娱乐场所，士兵入场必须凭票，时日一长，士兵队伍中出现不少业余唱演能手，亦被称为"票友"；四说，八旗子弟多好戏曲，法令屡禁不止，为了阻拦这些沉迷戏曲艺术的子弟从事低下的戏曲行业，朝廷便索性向他们发放"龙票"，作为粉墨登场娱乐演出的凭证，于是这些"龙票"持有者便被称为"票友"。上述看法各执一端，莫衷一是。但所公认的是："票友"之名始于清代，要成为一名合格的"票友"，其人必须爱好戏曲，知晓音律，能演唱或登台表演，当然还不取报酬。

明末清初之际，江南梨园界就有这么一位名震一时的"票友"，名叫彭天锡，他家财万贯，却痴迷戏曲，为习艺一掷千金，败弃家产；终技艺精深，被时人赞誉为"串戏妙天下"。

彭天锡，江苏金坛人，活动于明末清初，具体生卒年不详，张岱《陶庵梦忆》中生动记载了他主要的生平事迹：生长于钟灵毓秀的江南，与其他怀有鸿鹄之志的青年人一样，彭天锡早年饱读诗书，满腹经纶，一心经营举子业，业余或以戏曲消遣，娱乐养性。无奈时运不济，彭天锡科场困顿，屡屡失意，一气之下，看破功名，将志趣精力转移到了戏曲表演上。

彭天锡学戏刻苦研磨，精益求精，只要能学好戏、多学戏，花再大的代价都毫不吝惜。《陶庵梦忆》云："（天锡）曾以一出戏，延其人至家，费数十金者，家业十万缘手而尽。"彭家原本家境丰实，可彭天锡不仅不事营生，反倒如流水般大肆投入学戏，家业很快就败落了。不过，也正是因为彭天锡恪守严谨、勤奋认真的态度，以及不计得失、执著追求的精神，他的戏曲根基越来越深厚，表演技艺很快得到了提高，不久便成为当时有

名的票友，许多文人家乐与民间戏班皆慕名而来，请其前往串戏助兴。除了多在西湖一带流连外，也常到绍兴串班，是张岱家中的常客，张岱曾道："（天锡）到余家串戏五六十场，而穷其技不尽。"演了五六十场之后，居然还有技艺未曾施展，其戏曲水平与艺术功底的确非同小可！

在诸多戏曲行当中，彭天锡尤其擅长扮演丑、净等权奸之类的反面人物，譬如商纣、曹操、秦桧、严嵩等角色，张岱这样说他的表演："千古之奸雄佞幸，经天锡之心肝而愈狠，借天锡之面目而愈刁，出天锡之口角而愈险。设身处地，恐纣之恶不如是之甚也。皱眉视眼，实实腹中有剑，笑里有刀，鬼气杀机，阴森可畏。"（《陶庵梦忆》）而彭天锡之所以能把人物演得如此活灵活现，形神尽出，除了技艺的纯熟，其自身坎坷的人生经历、扎实的学识功底以及充实的情感等对他成功的舞台表演更是至关重要。张岱评其表演是"一肚皮书史，一肚皮山川，一肚皮机械，一肚皮磊砢不平之气，无地发泄，特于是发泄之耳"（《陶庵梦忆》）。此处"书史"即学识，"山川"是眼界，"机械"是技巧，彭天锡把这种学识、眼界与技巧贯注于人物的刻画与塑造，又把一肚皮对社会现实的不平之气倾泻于艺术形象中，"夺人酒杯，浇己块垒，于是嬉笑怒骂，纵横肆出，淋漓极致而后已"（尤侗《西堂杂组二集》卷三《叶九来乐府序》）。如此一来，无怪乎其演技日臻化境，达到"串戏妙天下"的境界。传说有一次，彭天锡在昆剧折子戏《精忠记·东窗》中扮演奸臣秦桧，由于演得太过逼真，台下观众沉迷于剧情，以至有人"愤而上台殴之"。

对于彭天锡的戏曲表演，张岱是赞不绝口："恨不得法锦包裹，传之不朽；尝比之天上一夜好月，与得火候一杯好茶，只可供一刻受用，其实珍惜之不尽也。"（《陶庵梦忆》）"好月""好茶"及"山水"均乃自然之物，以之比拟彭天锡，是夸他的表演乃浑然天成，自然本色，夺人肺腑。张岱乃明末清初之际有名的

清·王云《休园图》（局部）

家乐主人，精通音律，对戏曲艺术有着深入的研究，且通过携家班四处表演交流，积累了丰富的戏曲表演经验，由此，他对彭天锡的夸赞并非溢美之词，当是发自内心的中肯之论。

彭天锡确未辜负同调嘉宾的赞许，他不仅长于表演技巧的修炼，而且在唱腔、唱法等方面积累深厚。崇祯七年（1634）十月，张岱与昆曲红角儿朱楚生至不系园观赏红叶，于定香桥与彭天锡、赵纯卿、杨与民、罗三、陈素芝等梨园妙手不期而遇，

"是夜，彭天锡与罗三、与民串本腔戏，妙绝；与楚生、素芝串词腔戏，又复妙绝"。可见其戏路宽、唱腔广、唱法多，艺术造诣着实超群。不仅如此，彭天锡对折子戏的发展也作出了不可忽视的贡献。所谓折子戏，主要由整本戏拆散进行演出，以后则与整本戏共同盛行于戏曲舞台之上。它形式短小、冲突集中、情节往往相对独立，"折子戏的出现"既符合观众审美趣味的需求，也是戏曲发展的一种自然变革。对于演员与戏班来说，折子戏的流行，"拨正了人们衡量一个戏班好坏的天平，生角和旦角的美艳善歌已经远远不够，各个行当的完备齐整才是标准"，而"出出皆有传头"的彭天锡，则"为大净角色里'架子花'类人物表演程式的确立，立下了汗马功劳"（廖奔：《折子戏的出现》，《艺术百家》2000 年第 2 期）。

在我国戏曲史上，像彭天锡这样的业余演员是很常见的。尤其在昆曲界，许多拥有家乐的文人士大夫其实都可以被视作"票友"，不过与彭天锡亲自上台串戏还有一定区别，如果说，彭天锡是不收报酬的"台工"（"台工"又作"伶工"，指以演剧谋生的戏班人员），那么这些雄于财资的文人士子则可称为"清工"，所谓"清工"，一指以教曲为生的职业清曲家，二则多指明代以来秉承昆曲清唱传统的杰出之人，为摆脱俗扰，或遣闲情，他们好研习音律，考订宫商，收藏曲谱，偶编撰音律著作以传世，还时常指点家班唱演，亲自传授一二。这其中，譬如"十些班"主人查继佐，好沉迷家班，时亲自授曲教唱，实乃"主人到老更风流，只解为欢不解愁"（杜首昌《绾秀园诗选》）。著名戏曲家祁彪佳不仅著有《远山堂曲品》《剧品》等戏曲理论著作，还备有家班，亲自演唱示范；明遗民冒襄的家班最得专业训练，因其"日坐水绘园中，取数十童子，亲授以声歌之技"（《同人集》卷二）。另外，祁彪佳的族兄弟——号称"梨园癖"的祁豸佳亦颇值说道。祁豸佳字止祥，号雪瓢，浙江山阴（今绍兴）人，生卒年不详，主要活动于明末清初之际。明天启七年进士，以教谕迁吏部司务，明亡不仕。祁豸佳与祁彪佳一样，好唱演，颇通音律，精心培养宠爱的乐童阿宝，甚而"咬钉嚼铁，一字百磨，口口亲授"（《陶庵梦忆·祁止祥癖》），周亮工也说他："常自为新剧，按红牙教诸童子。或自度曲，或令客度曲，自倚洞箫和之，藉以抒其愤郁。"（《读画录》）

在"玩票"或"走票"的过程中，还有些"票友"因痴迷于戏曲，索性"下海"做起真正的梨园子弟来，并取得了不俗的成就，比如38岁"下海"、后被人亲切地称作"老乡亲"的孙菊仙，被以"请假唱戏，不成体统"革职而"下海"的言菊朋，以及汪笑侬、郭仲衡、姜妙香、欧阳予倩等，都是戏曲舞台上的表演艺术家。此外，还有一些"票友"，本人未能入戏

行，却在自己后人身上实现了梨园梦，这要数戏曲大师俞宗海、俞振飞父子了。

俞宗海（1847—1930），字粟庐，松江娄县（今属上海市）人，乃戏曲家吴梅的好友。俞氏祖上惯享清廷俸禄，俞宗海亦得以因袭云骑尉世职，隶松江提标营，因厌倦官场，谢职改太湖水师营务处办事，举家寓吴。俞宗海性善风雅，通诗文，善书法，而且对于戏曲演唱造诣极高，吴梅在《俞宗海家传》中记载了他学戏之前后情况：

> 娄人韩华卿者，佚其名，善歌，得长洲叶堂家法，君亦从之学讴。每进一曲，必令籀讽数百遍，纯熟而后止。夕则摭笛背奏所习者，一字未安，诃责不少贷。君下气怡声，不辞老瘁，因尽得其秘。既居吴……一时度曲家春秋社集，必邀君，君亦必至，至则必歌。气纳于丹穴，声翔于云表，当其举首展喉，如太空晴丝，随微风而下上。及察其出字吐腔，则字必分开合，腔必分阴阳，而又浑灏流转，运之以自然。盖自瞿起元、钮匪石后，传叶氏正宗者，惟君一人而已。

由于刻苦研习，俞宗海成为后世的"俞派"宗师，还著有《粟庐曲谱》一书，可以说是一个极为出色的"清工""票友"。

《牡丹亭》剧照（程砚秋饰杜丽娘，俞振飞饰柳梦梅）

不过，尽管演唱技艺独出一门，俞宗海始终只是一个业余演员，而其子俞振飞则由"票友"成为真正的专业演员。

俞振飞（1902—1993），著名昆曲、京剧表演艺术家，本名远威，字涤盦，号箴非，江苏松江（今属上海市）人。因为家庭的熏陶，俞振飞6岁从父习曲，12岁时首次登台，14岁起便四处拜名师学艺，18岁始学京剧，1930年，28岁的俞振飞北上拜程继先先生为师，并正式"下海"。俞氏工小生，尤擅长扮演巾生，被称为"儒雅巾生"，屡与梅兰芳、马连良、周信芳、程砚秋等京剧名角儿同台合作，经过不懈努力，成为现代梨园史上的名家泰斗。

纵观明清乃至近现代戏曲的发展历程，随处可见喜爱戏曲、痴迷于各个剧种、唱腔、流派的"票友"，不管他们是否被时人冠作此名，但他们对戏曲的无私热爱以及对于戏曲发展所作出的贡献，都值得在史册上记下一笔。"票友"是梨园界的一个特殊群体，他们既是观众与演员的对话桥梁，起着不可缺少的沟通作用，同时也是专业演员队伍的后备力量，支持着戏曲事业的发展。经过那么多年的相濡以沫，"票友"已经成为我国戏曲史上一个不可剥离的组成部分。而放眼当下，传统戏曲要在新的时代继续绽放光彩，焕发新的生命力，除了加强专业队伍的训练，还要为"票友"提供开阔的展现自我的舞台，并切实提高"票友"的群体素质，从而为戏曲的长远发展积蓄力量、扩大影响。

几百年前的彭天锡也许不曾想到，在科举仕途上失败的他却以一个"昆曲名票"的名头为后人长久忆起，其声名竟远远盖过了当时的状元榜眼。正可谓：

生旦净末皆法相，富贵功名似水流。天锡串戏妙天下，佳剧出出有传头。

十五

『五陵侠少豪华子，甘心欲为王郎死』

—— 说王紫稼

他不是女人，但他比同时代的许多女人都更受男人追捧。只要他浅浅一笑，暗送秋波，纵然不致六宫粉黛无颜色，也使举国趋之若狂。他非凡的美貌与才艺，招致了众多权贵名流的邀揽与招捧。然而，在这风光无限的背后，他其实也有着旁人多所不知的难言屈辱与哀伤，甚至最终惹来了杀身之祸。他就是明末清初著名的昆剧男旦王郎 —— 王紫稼。

王郎名稼（1622—1656），字紫稼，又作子玠、子嘉，江苏苏州人。紫稼自幼面容白皙，肤色粉嫩，姿容清秀，长大后更是"风流儇巧"，娇姿美态妩媚动人，形容气质绝非寻常女子可比，

十五　"五陵侠少豪华子，甘心欲为王郎死"

清初尤侗《艮斋杂说》就称其"妖艳绝世"。作为一名出色的昆剧演员，紫稼工旦角儿，十五六岁即已明慧善歌，声震吴地，参演过《牡丹亭》与《西厢记》等剧目，尤以扮演《西厢记》中的红娘形象而得到众口一词的夸赞，王家桢《研堂见闻杂录》就说他"所演《会真》红娘，人人叹绝"。除了精湛的表演技巧，紫稼还多才多艺，擅长演奏乐器，李斗《扬州画舫录》曾载："（熊）大璋工二十四云锣击法，传之王紫稼。"熊大璋是清初有名的乐师，精工十番鼓，据说他这二十四云锣击法仅传于紫稼一人，紫稼卒后即无人再通此艺。十番鼓创于京师内苑，盛行于江浙一带，但精通二十四云锣击法者颇为罕见，熊大璋愿将此独门技法传授于紫稼，足见他对紫稼的欣赏。

紫稼年少时就已在吴地寄奉爵贵名士，尝流连于徐汧二株园。徐汧乃明遗民徐柯、徐枋之父，崇祯戊辰进士，授检讨，迁右谕德，福王时任少詹事，清兵破南京后投水而死。徐汧为人气节高尚、胆识兼具，吴伟业最初遇见紫稼即是在其府邸，徐氏二株园亦因蓄留紫稼而变得更加具有吸引力。名士狎伶，觞咏风流，连近代史学家孟森先生亦曾感慨道："忠孝大节之士不废风情如此。"（《心史丛刊二集·王紫稼考》）30 岁左右，紫稼北上京城，倚居龚鼎孳处，凭借卓越的天赋资质、出色的戏曲素养及良好的社交能力，紫稼在清初剧坛、文坛的声名由

十五 "五陵侠少豪华子，甘心欲为王郎死"

吴中地区迅速传往大江南北，所谓"风流儇巧，犹承平时故习。酒酣一出其技，坐上为之倾靡"（吴伟业：《王郎曲》后跋，《吴梅村全集》卷十一）。一时名噪京师，受到了众多士子名流的倒屣相迎。

闻名清初文坛的"江左三大家"钱谦益、龚鼎孳及吴伟业等与紫稼都有诗句过往，如钱谦益咏赠诗句："红旗曳䍐倚青霄，邺水繁华未寂寥。如意馆中春万树，一时齐让郑樱桃。"（《有学集》）又如龚鼎孳对紫稼宠爱不已，尝口占一绝赠之，云："蓟苑霜高舞柘枝，当年杨柳尚如丝。酒阑却唱梅村曲，肠断王郎十五时。"（《定山堂集》）诗中言及之"梅村曲"即指吴伟业为紫稼专赋的《王郎曲》，该诗细腻形象地描绘了这位歌舞曼妙、青春不老、众所追逐的梨园佳人，其中有云：

锁骨观音变现身，反腰贴地莲花吐。莲花婀娜不禁风，一斛珠倾宛转中。此际可怜明月夜，此时脆管出帘栊。王郎水调歌缓缓，新莺嘹呖花枝暖。惯抛斜袖卸长肩，眼看欲化愁应懒。推藏掩抑未分明，拍数移来发曼声。最是转喉偷入破，孀人肠断脸波横。十年芳草长洲绿，主人池馆惟乔木。王郎三十长安城，老大伤心故园曲。谁知颜色更美好，瞳神翦水清如玉。五陵侠少豪华子，甘心欲为王郎死。宁失尚书期，恐见王郎迟；宁犯金吾夜，难得王郎暇。坐中莫禁狂呼客，王郎一声声顿息。

不过，尽管久沐于繁华春光，享尽了纸醉金迷，但这一切并不能遮蔽与剥离紫稼身上如影随形的东西——那就是优伶天生的卑贱并由此引起的灵魂深处埋藏的苦闷。如果说，诗中"五陵侠少豪华子，甘心欲为王郎死"与"坐中莫禁狂呼客，王郎一声声顿息"等句生动描绘了紫稼过于常人的气质魅力与非同一般的吸引力，那么此诗结尾"古来绝艺当通都，盛名肯放优闲多？王郎王郎可奈何！"则暗中传达了紫稼坎坷叵测的遭际和难以言说的悲哀。

果真，也许是上天已经眷顾太多，或是运数本归劫舛，自京城返乡后不久，紫稼即遭受了人生中最大的劫难：为巡按李

梨花带雨

森先毙杀而命送黄泉。紫稼遭戮一事，清人褚人获《坚瓠集》、阮葵生《茶余客话》及尤侗《艮斋杂说》等均有记载。其中《坚瓠集》谓："顺治甲午，李按院森先，访拿三拙和尚及优人王子嘉，立枷于阊门，三日而死。"关于紫稼的确切死因，王家祯《研堂见闻杂录》则有详细记载：

> （稼）后弃业不为，以夤缘关说，刺人机事，为诸豪胥耳目腹心。遨游当世，俨然名公矣。一旦走京师，通睾下诸君。后旋里，扬扬如旧。其所污良家妇女，所受馈遗，不可胜纪，坐间谈及子玠，无不咋舌。李公廉得之，杖数十，肉溃烂，乃押赴阊门立枷，顷刻死。

李森先字琳芝，乃由明入清之宦，与紫稼同时，向有刚正严直的口碑，有如此重惩之举是可能的。关于紫稼的罪过，上文所云大致有三：一是"刺人机事，为诸豪胥耳目腹心"，即通过其与上层名流的特殊关系替人疏通关节、办事消灾；二是"污良家妇女"，有伤风化；如果上摘二条属实，的确是紫稼该惩之处；但其实，紫稼遭受毙杀最为紧要的乃是第三条："遨游当世，俨然名公"。卑贱如优伶竟"遨游当世，俨然名公"，这还了得！尊卑秩序何在？封建礼法何用？紫稼之毙杀实际是其优

伶之卑贱与"俨然名公"之行径的名实落差所致。

对于紫稼的遭际清初不少名士表示了遗憾，如尤侗即曾慨叹李森先之"杀风景"，使文人庭苑少了一道可资欣赏的亮丽风景；时人为紫稼所作挽诗亦在点滴中流露出了对这一代红伶薄命的惋惜，如龚鼎孳《定山堂集》中有《王郎挽歌》叹云：

　　江左烟花盛绮罗，青春对酒复当歌。白门（按，此处指秦淮八艳之一的寇白门）病死王郎杀，天宝风流已不多。

　　无论紫稼之死是否罪有应得，从清人对其遭遇仅止于惋惜和遗憾来看，我们不难想见紫稼在众人心中的实际位置。其实，明清文人"狎伶"乃一时之风尚，而优伶不过是一个花瓶，一个美貌伴侣，一个娱乐工具，最多也就是文人遁世精神的寄托和心灵的安慰——总之，旧人未逝早见新人靥，觥筹恰罢又闻歌声起。一个王紫稼死了，还有很多个王紫稼们的身影会出没于酒肆朱阁、厅堂绣苑之中。

　　"狎伶"之风在明清几乎从来没有中断过，而且还通常被认为是文人才子的风流之举。其中最值得一提的是清代著名文人、号称清初词坛第一人的陈维崧与伶童徐紫云之间的真挚情感，当时曾赢得诸多士人的艳羡。据说，紫云原本是冒襄水绘园戏班里的一个歌童，善吹箫，在一次偶然的宴饮赏乐中，紫云以其出色的才艺与俊美的颜貌惊动四座，时迦陵（陈维崧）就在座中，一见钟情，几日下来更是恋恋不舍。冒襄见此情景，便索性成人之美，将紫云送给迦陵。这一风流之举不但丝毫未损迦陵的文坛声誉，反而在清代文坛被传为一段人尽皆知的风流佳话，骚人墨客纷纷赋诗咏赠之。

明清时期"狎伶"风气之根源是中国历来衍流的"男风"传统。据纪晓岚《阅微草堂笔记》所载，传说我国最早的同性恋始自黄帝。后世上自君王权贵，下至平民百姓，享受同性情爱者屡见不鲜，譬如《战国策·魏策》中魏王与龙阳君，《韩非子·说难》中卫灵公与弥子瑕的"余桃"之爱，《汉书·董贤传》里汉哀帝与董贤的"断袖"之情，等等，正是由于这种情感取向，使诸多"好男风"的人们成为我国古代一个特殊的群体。

就清代而言，"狎伶"还与朝廷制度相关。由于清初无官妓制度，清中叶后更严令禁止官员狎妓，"狎伶"之风遂而愈演愈烈。早先，像紫稼、紫云这种男旦常被唤作"乾旦""郎"，如紫稼被呼为"王郎"，紫云称作"云郎"，后来更多地被称之为"相公""像姑"。与之相应，红极一时且群逐其艳者被推赞为"红相公"，门庭冷落、车马罕至者则通常被嘲讽为"黑相公"，正所谓："万古寒酸气，都归黑相公。打围何寂寂，应局故匆匆。"（王之春《椒生随笔》）而"黑相公"其实还有另一个常用的含义，即黑色鬃毛的猪，其侮辱意味不言而喻。

由于"相公"这类社会人群成为众多仕宦追逐的理想对象，清代"私寓"制度亦应运而生。所谓"私寓"，主要是相对"公寓"而言，清初伶人大都杂居于公共寓所，后来一些名角嫌公寓嘈杂而自立门户，蓄养子弟，单独开业，由此，旦角男伶兼事"相公"也就成为一时的风尚。很多时候，一些官宦阔少游逛戏园并非为了观看精彩的戏曲演出，而是寻朋访友并物色如意的"相公"。旧时梨园演剧例分"三轴子"，其中"早轴子"草草开场，普通优伶登场，以迎候看客，接着续之以三出散套，由一些较为出色的伶人表演；接下来便为"中轴子"，以武戏居多，"中轴子"末一出特称"压轴子"，通常由色艺双绝、技压众伶的头牌演员出演精致的文戏；之后则是"大轴子"，或演出热闹的武戏，或上演连台新戏。"玩相公"的豪门贵客一般不听"早轴子"，而是往往于三出散套开演时入座，后利用"中轴子"的时间交朋结伴、物色伶人，待"压轴子"戏结束，便携伶人登香车宝马，扬长而去。《都门竹枝词》所云"轴子刚开

莲花冠子道人衣 日侍君王宴
紫微花树不知人已去年闹绿
兴丰绯
蜀後主每于宫中累小巾命宫妓
衣道衣冠莲花冠日寻花柳以
侍酣宴蜀之谣已溢耳矣而主
不挹注之气至沦咙伴後想摇
颍之令不无扼腕書

便套车，车中载得几枝花"，指的就是这种情景。陈森《品花宝鉴》中田春航更是道出了诸多"狎伶"者的"心声"："我是重色而轻艺，于戏文全不讲究，角色高低，也不懂得，唯取其有姿色者，视为至宝。"可见在当时的士大夫眼里，男优与女娼的实际意义其实没有太多区别，他们同样没有人格、没有尊严，是美色与欲望的代名词。

说到底，作为一名男性优伶，他们存在的最大意义就是逗人开心、供人娱乐。他们或饰以艳服、涂脂抹粉，或娇揉作态、取悦旁人，或百般温柔、万般娇态以换取一时的宠爱，但有多少旁人能真正体味这背后蕴涵的辛酸与泪水！《品花宝鉴》中15岁的红相公琴官就曾说道："自小生在苦人家，又作了唱戏的，受尽了羞辱。我正不知天要叫我怎样，要我的命，就快点儿，又何必这样糟蹋人哩！"谁又能知道紫稼当初就没有过这样的感受呢？

逝者已矣，紫稼的遭际绝非个别！我们可以遥想：在当时尘世的某一个角落，也许有很多个紫稼们，其敏感的神经在不经意间忽然被自己的遭际所触动，他们逡巡于珠帘绣阁深处，轻拂粉面，暗抹泪痕，茕茕孑立，仰首长叹。叹朱阁雕栏如梦如烟，叹生世命数如丝如线，在凄冷中黯然神伤，在寂寞中徘徊沉沦。

十六

『身怀绝艺无人识，一朝得显御前尊』

——说陈明智

梨园界有一句行话，叫"救场如救火"，这是一个最基本的职业原则，也是一种最传统的艺术道德，为的只是一个目的：不能误了观众。名角为救场而跑龙套、演配角，是人们传颂的美德；而对那些尚没名气因救场得演正角的，"救场"则往往是难得的机会。

清代，就有这么一位因救场而一炮走红的戏曲伶人，他叫陈明智，江苏长洲（今江苏吴县）角直人，生卒年不详，主要活动于康熙年间。陈明智相貌平常，且体形矮小，然而他表演功夫十分出色，尤其是扮演的楚霸王项羽龙腾虎跃，霸气尽出。只是

十六 "身怀绝艺无人识，一朝得显御前尊"

苦于无机会被文人士子所发现，不曾到人才济济的苏州城施展一番，因此一直屈居在没有名气的农村草台班当净角演员，随着戏班四处演出。

当时，苏州城内有许多戏班，尤以寒香、凝碧等四个戏班最有名望，王载扬《书陈优事》道："时郡城之优部以千计，最著者惟寒香、凝碧、妙观、雅存诸部。衣冠谯集，非此诸部勿观也。"（焦循《剧说》卷六）一次，寒香班应召在一家宴会上表演，不料净角在演那天因故告缺，而其他戏班的净角也都不得空，无法借用，正在一筹莫展之际，有人推荐了陈明智。

一直苦苦等待的陈明智，机会终于来了。

可是，当"衣衫褴褛，携一布囊"，且师出无门、底细不明的陈明智站在戏班众人面前时，见者无不惊愕：这也是演员？他能演得了净角吗？众所周知，净行主要是扮演性格沉雄豪迈或粗犷莽撞的男性角色，往往要求演员身材高大魁梧，嗓音洪亮宽阔，气势夺人，做功亦要大开大阖。然而，陈明智在外表上毫不起眼，个子矮小，身材瘦弱，应答迟钝，甚至还有些许口吃，且不说演净角，就是上台表演都可能成问题。众人失望之极，谁也没有用好声气来善待陈明智，就连用饭亦无人招呼。不过，陈明智并不在意，始终默默地等待着。

　　当天，客人点的戏是《千金记》,《千金记》讲楚汉相争的故事，剧中的净角是楚王项羽。当众人急问陈明智能否演时，陈明智徐徐站起，道："固常演之，勿敢自以为善。"只见他打开随身行囊，精心装扮："出一帛抱肚，中实以絮，束于腹，已大数围矣；出其靴，下厚二寸余，履之，躯渐高；援笔揽镜，蘸粉墨，为黑面，面转大。"（焦循《剧说》卷六）这样扎"帛抱肚"、穿高底靴和"蘸粉墨，为黑面"，陈明智弥补了自身先天条件的不足，使得舞台形象身材浑圆、躯体高迈、脸肥面大，气势顿出。陈明智上场了，演的是《起霸》，讲项羽率八千子弟渡乌江的故事。且看他演出时的情景：

> 振臂登场，龙跳虎跃，傍执旗帜者咸手足忙瘛而勿能
> 从；耸喉高歌，声出征鼓铙角上，梁上尘土簌簌坠肴馔中。
> 座客皆屏息，颜如灰，静观寂听，俟其出竟，乃更哄堂笑
> 语，嗟叹以为绝技不可得。（焦循《剧说》卷六）

演出非常成功！由于陈明智的出色表演，戏班众人对他刮目相看，纷纷前来为初见时的无礼致歉，还盛情挽留，请他担纲寒香班的净角，且把戏班原来的净角给辞退了。陈明智盛情难却，加入了寒香班，自此告别了多年来为人轻视的村优生涯，并一度成为寒香班的台柱子。因陈明智来自甪直，人又赠名"甪直大净"，此后"陈明智"便成为出色净行的代名词。

由于苏州一带的文人士大夫仰慕陈明智的名气，屡召寒香班表演，使得寒香班声震江南。康熙帝南巡，江宁织造便是以寒香、妙观诸戏班承应御驾行宫，甚得康熙帝的欢心与嘉奖，康熙帝还从每个戏班中各选了二三人，供奉内廷，教习南府，而陈明智则"特充首选"（王载扬《书陈优事》），成了圣上钦点的第一人，一时间旁者艳羡，众人祝贺，可谓荣耀之极！

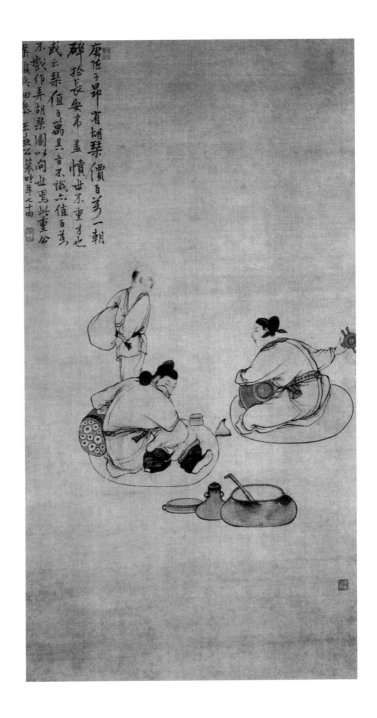

唐陳子昂有胡琴價百萬一朝
辟於長安市盖憤世不重才也
或云琴值自萬其音不識公值百萬
不敢作弄胡琴圖以尚世寫此重公
蔡真長田卷 王毂石蔡時年七十四

陈明智任教习的"南府"乃掌管清廷戏曲演出活动的机构，成立于康熙年间，止于道光间。南府隶属内务府，多收罗一些优秀的民间艺人，教习年轻的太监与一些著名伶人子弟为宫廷应承演出。南府的出现，颇具教坊与梨园的意义，不但满足了宫廷皇室成员观看戏曲表演的兴趣与需求，而且还在相当程度上为梨园界培养输送了一大批人才，促进了清前期宫廷戏曲与民间戏曲的相互交流和共同发展。进宫后，陈明智御前侍奉了二十余年，终以年高乞归，获赐七品冠服，光耀门庭，被世人传为美谈。

陈明智的一生颇具传奇色彩，从无名村优到名班红角又到御前教习。这位天赋并不出众甚至有所缺陷的陈明智以其成功的舞台实践向世人证明了一个道理：天资禀赋固然不可忽视，但更重要的应是精湛的表演技艺与丰富的艺术修养。

从陈明智及其他戏曲演员的成功经验来看，演员要塑造好一个戏曲人物和演出一台好戏，至少要做到以下两点：

其一，戏曲表演要传神，塑造形象、刻画人物须以神气取胜，以求达到形神兼备的境界。对此，演员要在仔细揣摸角色性格心理的基础上，以角色内心之情来导引外在之表情动作，将自己与角色融为一体，这样，表演就不单单是一套程式规范，而是演员在特定戏剧情境中的自然发挥与自然流露。如陈明智，他抓住了一代枭雄项羽那种意气风发、雄豪粗犷的特点，"振臂登场，龙跳虎跃"，动作之猛烈应和着角色内心的狂放；他"耸喉高歌"，"出征鼓铙角上"的歌声不仅洪亮如钟，同时还显示了人物个性的威猛。由此，个头矮小的他便在舞台上把项羽这样一个魁梧大汉演得活灵活现、惟妙惟肖！

其二，戏曲表演不仅要传神，更要传情。演员必须真心投入表演，以角色之哀乐为哀乐，同欢笑、共忧愁，观众才会被真实的情感所打动。清代戏曲理论家黄旛绰《梨园原》道："凡男女角色，既妆何等人，即当做何等人自居。喜、怒、哀、乐、离、合、悲、欢，皆须出于己衷，则能使看者触目动情，始为现身说法。"这一点在戏曲表演中尤为关键，传统戏曲表演的一个重要特征就是程式化，如果演员自身毫无真情实感，那么表演程式定然只能是徒具形式，故只有将真实情感渗入表演之中，让演员与剧中人物融为一体，才能把人物演活，达到传情的效果。即如《窦娥冤》一剧，窦娥临刑前有大段大段的歌唱与表演，不敢想象，如果扮演窦娥的演员在演出中毫不动容，或者矫揉造作，那观众怎么能生动领略到窦娥的冤屈以及关汉卿深刻的社会批判意识呢？

陈明智是成功的。他没有抱怨上天给了自己一副孬皮囊，而是通过深厚的艺术功底与出色的表演技艺弥补了先天的缺憾与不足，从而获得了广大观众的认可。陈明智的成名，正在于他持之以恒的努力、坚持不懈的等待与志存高远的隐忍精神。其实，作为一个演员，不仅要耐得住外在的寂寞，还要耐得住内心的寂寞，只有在寂寞中认真品味人生的酸甜苦辣，才能在舞台上尽享人生的喜乐悲欢。做演员如此，做人更应如此。这就是陈明智的人生经历给我们的启示。

十七

『乱弹巨擘属长庚，字谱昆山鉴别精』

——说程长庚

光绪五年的某日，闻名一时的"三庆班"在京城秦老胡同文索宅出演堂会，一个年事已高的老艺人与其好友兼多年的搭档徐小香合演《取南郡》。《取南郡》本为情节复杂的三国戏，一共四本，向来分四日演出，但是当天，这位脾气倔强的老艺人硬要坚持一昼夜唱完全本，结果，戏唱下来，老艺人已经是步履蹒跚。后因劳累过度，身染恶疾，未及数月，便黯然离世。（周明泰《道咸以来梨园系年小录》）这位老艺人就是京剧前辈宗师程长庚，在京剧界享有至高无上的地位，被后世推为京剧的创始人——"京剧鼻祖""乱弹巨擘""开山祖师"，又被称

作"老生泰斗""至圣先师"。他的坎坷一生传奇生动，他的为人处世刚直仁厚，其艺术贡献和剧坛地位可谓后世难再。

程长庚（1811—1880），安徽省潜山县人，原名椿，字玉珊，一作玉山，堂号"四箴"，多以"四箴堂"代其名。程长庚之父是一位徽班演员，故程长庚自幼即入徽班坐科，勤苦习艺，后来随父入京，搭三庆班，曾向名伶米应先等学艺。程长庚在艺术上兼收并蓄，博采众长，戏曲造诣极高，功底非常深厚，乱弹诸艺皆擅，且尤谙昆曲，《都门新竹枝词》即有云："乱弹巨擘属长庚，字谱昆山鉴别精。"（《北平梨园竹枝词荟编》）

要认识程长庚的戏曲史地位，我们得从明中叶以来的中国戏曲史谈起。

自明中叶始，昆曲以优美的唱腔、雅化的情致及丰富的剧目确立了其在剧坛的优势地位，一时风靡朝野。但从康熙末年至乾隆年间，地方戏逐渐抬头，取得了蓬勃的发展，一度出现了花部与雅部的分野和对峙，所谓"花部"，又称"乱弹"，指与雅部昆腔相对、统指昆腔以外的各种民间声腔剧种，李斗《扬州画舫录》

云："雅部即昆山腔；花部为京腔、秦腔、弋阳腔、梆子腔、罗罗腔、二簧调，统谓之乱弹。"随着花部诸腔的逐渐成熟，其艺术生命力也越来越旺盛，尤其自乾隆年间以后，花部地方戏分别形成了北京与扬州两大中心，特别是在政治文化中心北京赢得了广泛的欢迎，得与昆曲分庭抗礼。乾隆五十五年（1790），时值乾隆帝八十寿辰，以三庆班（由著名徽班伶人高朗亭率领，以安庆花部为基础，又合京腔即高腔、秦腔而组成）为首的四喜、春台、和春"四大徽班"进京，不仅将京剧声腔的重要组成成分二簧调带入了北京，而且在京城内形成了各地腔调荟萃一堂的兴盛景象，所谓"南腔北调，备四方之乐"（赵翼《檐曝杂记》）。

嘉庆三年，朝廷欲以行政命令干涉花部的发展，颁发了禁止花部乱弹的谕诏，谓："乱弹、梆子、弦索、秦腔等戏，声音既属淫靡，其所扮演者……怪诞悖乱之事，于风俗人心殊有关系。……除昆、弋两腔仍旧准其演唱外，其乱弹、梆子……等戏，概不准再行演唱。"（《苏州老郎庙碑记》）不过，政府的阻止并未阻挡花部的日渐壮大，反而在

苏州老郎庙碑文（拓片）

某种程度上促进了花部诸腔的发展融合，如二簧调被禁，一些艺人便将其改头换面编入昆腔、高腔剧目中，表演效果居然较原先更好。花部在禁阻中不断发展前进，自嘉庆至道光年间，全国上下主要流行五大声腔：即昆腔、梆子、高腔、弦索、皮簧，尤以梆子与皮簧为最。所谓"皮簧"，又作"皮黄"，乃由西皮与二簧结合而成，湖北称之为"楚调"，安徽称之为"徽调"。自从二簧调由四大徽班带入京师后，因其腔调的新颖流畅，通俗易懂，得到了观众的普遍欢迎，在表演渗透过程中，二簧得与西皮再度结合，同时又吸收了昆腔、秦腔、高腔等唱腔的优点，在语音方面则以北京话为主（即"京音化""规范化"），逐渐形成了京剧。

在花部发展及京剧形成过程中，程长庚就是其中最重要、贡献最大的一位戏曲艺术家。

《燕尘菊影录》道："（程长庚）融'昆''弋'（即高腔）声于'皮簧'中，匠心独运，遂成大观。"程长庚融合昆曲、汉调与徽调之长，同时吸收高腔、秦腔等剧种唱腔曲调及表演方法，形成了自己的表演风格：音调高亢有力，风格沉雄苍劲，情思蕴藉婉转，气势宏阔端武。《梨园旧话》赞其："字眼清楚，极抑扬吞吐之妙。乱弹唱乙字调（按，乙字调乃传统调高的一种称谓，属工尺七调之一，为反二黄常用之调），穿云裂石，余音

十七 "乱弹巨擘属长庚，字谱昆山鉴别精"

明·杜堇《梅下横琴图》

梨花带雨

绕梁，而高亢之中，又别具沉雄之致。"

程长庚唱、做诸艺俱佳，刻画人物传神逼肖，且戏路宽，文武昆乱都能演，尤工老生，曾与张二奎、余三胜齐名，世称"三鼎甲"，又作"老生三杰""老生前三派"。具体而言，张二奎的演唱激越磅礴，扮相雍容华贵，因唱念以京音为主，人称"京派"（又作"奎派"）；余三胜擅"花腔"，演唱悲壮苍凉，主湖广音，称为"汉派"（又作"余派"）；程长庚的演唱则雄浑高亢，唱曲、念白多徽音，故称"徽派"。

程长庚擅长扮演端庄肃穆、沉稳凝重的人物，擅演剧目极多，其中得意者如《战樊城》《鱼藏剑》《文昭关》等剧中的伍子胥，《镇潭州》之岳飞，《取成都》之刘璋等等，广受观众好评，谓"做派精到，若天风海涛，金钟大镛，莫能拟其所至，一座大惊"（《燕都名伶传》）。值得一提的是，程长庚还特别善于扮唱关羽一角儿，他演的《战长沙》《华容道》等戏在当时极负盛名，据说在表演中，他以胭脂匀面，着绿色衣袍，"造型端庄，唱念讲究，声形兼致，生动传神"，令人赞叹不绝，"如当年关羽之再世，观客皆叹为得未曾有，班主仰天惊叹，称道弗衰"（《京剧二百年之历史》）。

作为一个艺术家来说，程长庚是非常成功的，但如果仅仅如此，还并不足以使他高居京剧界第一人的地位。有艺无德，永

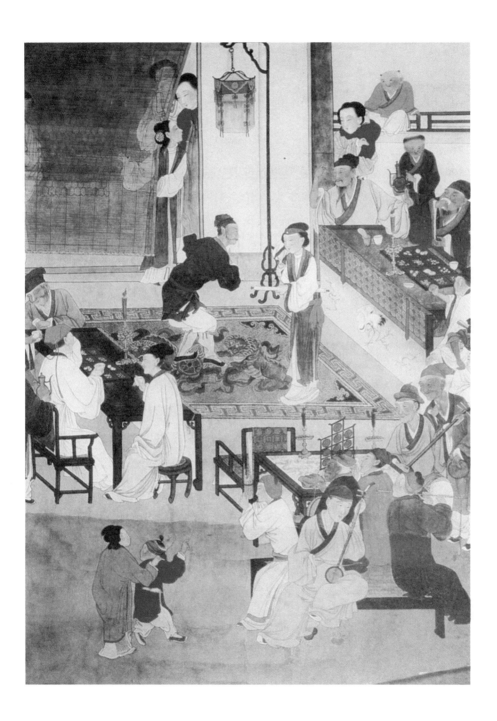

梨花带雨

远上不了大雅之堂，自古以来，能够称得上梨园领袖、宗师乃至戏神者，都在品质、德行、操守上有着优秀的表现，所谓"德艺双馨"，形容的正是那些深功夫、厚仁德、阔胸襟、高风范的梨园精英们。程长庚曾于道光至同治年间主持有名的"三庆班"，且自咸丰年间始，一直兼任京城精忠庙的会首，长达三十余年，在戏曲界德高望重。

程长庚曾身体力行地对梨园界作出不少有益的改革和管理措施：如他倡导废除了旧梨园表演程序中旦角演员"站台"应酬看客的陋习，为演员赢得了人格与尊严；他从不摆班首名伶的架子，时常替班内其他演员救场演戏，消除了一些名演员身上的傲气；此外，程长庚还扶危助贫，对其他弱势同行加以援手，也正因他的这种豪气与侠义，人们多亲切地称他为"大老板"，据说后世流行的"老板"一词，即由程长庚而来。在程长庚身上，留下了太多值得后人传颂的事迹：

"三庆班"有这样一条规定，不许演员私自"外串"演出，著名演员刘赶三早年就曾因私自出外搭班表演而遭到班规的处置，当时的社长正是程长庚。程长庚不仅以班规严格管理班内演员，且处处以身作则，律己守礼，不逾班规半步。作为一个已经大红大紫的演员，受到其他戏班的力邀"外串"是非常正常与普遍的，对于程长庚这样红遍京城的演员更是如此，但是他恪守条规，守公慎独，从不私应，还曾对发出邀请的来人提出过这样的要求：要想听我的戏，就得请我们整个"三庆班"，不然，我绝对不去。一人"外串"，自然就只有一人得份子、拿报酬，身为三庆班首的程长庚，正是为了全戏班的共同利益而牺牲了个人利益，这种克己奉公、不计个人得失的无私情怀，实乃令人敬佩！

有一次，都察院举行春节宴会，邀请了"四喜班"唱堂会，想邀程长庚"外串"，程长庚照例婉言谢绝；一皇亲国戚以私人交情前来劝说，程长庚仍旧不改口风。区区一个小戏子居然这么清高气傲，不通情面，都察院官员怒不可遏，派人将程长庚锁绑在戏台的柱子上。当问及为何不唱时，程长庚以喉咙疼痛嘶哑为由再次拒绝，维护了自己的原则与人格尊严。后来，当有人问起程长庚遭遇此事心有何感时，他神情严肃地回答道："锁宁足畏，吾畏无以对三庆诸弟兄。锁柱下何耻，是以见都察院无理！"（《燕都名伶传》）可谓义正词严，胸襟坦荡。

程长庚将毕生的心血献给了戏曲事业，尤其是京剧事业，他因戏而病，因病而卒。对于一个纯粹的梨园子弟来说，他此生足矣；在他身后，他的弟子及再传弟子们继承着他的事业，推动着京剧事业的发展。有人认为，"伶人初无所谓派别也，自程长庚出，人皆奉为圭臬，以之相竞。"（徐珂《清稗类钞》）在程长庚的弟子中，最有名的当数谭鑫培、汪桂芬、孙菊仙，人称"老生后三派"，又称京剧"新三鼎甲""后三鼎甲""新三杰""后三杰"等等。

汪桂芬（1860—1906）原名谦，字艳秋，又字砚亭，小名惠成，号美仙等，绰号汪大头。汪桂芬先为程长庚的琴师，后嗓音恢复，工老生，他的演唱高亢饱满，以"韵"胜，颇得程长庚真传，有"长庚再世"之喻。后又在改革的基础上，形成了独特的"汪派"。

孙菊仙（1841—1931），名濂，一名学年，字菊仙，号宝臣，外号孙一啰，人称"老乡亲"。孙菊仙乃武秀才出身，嗓音宏阔，唱念以"气"胜，重磅礴而不细雕琢，具有很强的感染力；先搭"三庆班"学艺，后于光绪十一年接掌"四喜班"。

谭鑫培（1847—1917），名金福，以字行，精工文武老生戏，嗓音流丽，气调悠扬，以"腔"胜，自成"谭派"，被称为京剧"伶界大王"，并以《定军山》一戏（即戏曲电影《定军山》）成为我国第一位电影演员。谭鑫培的表演名噪京师内外，梁启超曾赠句"四海一人谭鑫培"，其表演在当时甚至达到了所谓"国家兴亡谁管得，满城争说叫天儿"的社会影响（狄楚青语）。在众所周知的"同光十三绝"中，谭鑫培即与师父程长庚并列其中，可见其剧坛地位之显重。

朝回中使傳宣命
父子同班侍宴榮
酒捧倪觴祈景福
樂聞漢殿動韶聲
寶瓶梅蕊千枝耀
玉栅華燈萬蓋明
人盡懽諛讌諸雨
片雲閣雨眾詩成

梨花带雨

关于这三位弟子，徐珂《清稗类钞》有一段评说："汪桂芬为长庚琴师，谭金福亦在长庚门下，平日模楷，各自不同。长庚既谢世，分道扬镳。桂芬则纯宗长庚之法，谭鑫培已旁得三胜之神，惟孙菊仙特立孤行，不事阿附，说者已谓其有似二奎。"

据说，作为一个名角儿，程长庚亦有自己的个性，其中对演出场所的要求颇有妙趣：

程长庚生性矜严，厌恶嘈杂，曾说过："吾曲豪，无待喝彩，狂叫奚为！声繁，则音节无能入；四座寂，吾乃独叫天耳。"即便在帝王君主面前，程长庚亦面奏自己不喜喝彩，此后每逢程长庚出场，观众无人敢呼叫扰场，"叫天"之名由此广播天下，后世所呼之"小叫天"（谭鑫培）、"盖叫天"（张英杰）、"小盖叫天"（"盖叫天"张英杰之子张剑鸣）等名，当出自此掌故。

十八

『赶三一死无苏丑，唯有春山唱打围』

——说刘赶三

刘赶三是清代末年的京剧名丑，也是近代梨园史上一位特立独行的伶人。在嬉笑怒骂的演艺生涯中，他敢说许多人不敢说的话，也说出了许多人没有说过的话，他声东击西说得俏皮犀利，观众心有灵犀痛感大快淋漓，而那些王侯权贵胸中虽有怒火却又无可奈何。

刘赶三（1817—1894）原名刘宝山，号芝轩，字韵卿，天津人。祖上一直以药材为业，到了他父亲这一辈，家境渐渐富裕，便希望刘赶三好好读书，能高中科第取得一官半职，光宗耀祖。为了不辜负长辈的教诲，刘赶三自幼勤奋好学，可惜科举考试

每每失意而归，科举之梦于是不得不日渐淡薄，常自嘲："文无表于时，何苦埋头书案"（苏移《京剧二百年概观》），便整日泡在戏院子里，成了天津群雅轩票房的名票。后来，他终下狠心，索性"下海"，成了一名专业戏曲演员。

刘赶三先学老生，工余（三胜）派，进京师后，加入永胜奎班与三庆班，经程长庚指点，他拜兼工老生、老旦的郝兰田为师学习老生，又私淑张二奎，其老生功夫可谓正宗又扎实。不过，在名老生早已云集京城的当时，像刘赶三此等后起之秀很难有出人头地的机会，故而他转变生、丑均演的戏路，专攻丑行。

刘赶三"面冷而工谑"（张次溪：《燕都名伶传》，见《清代燕都梨园史料续编》），天生一副丑行的好料子，他嗓音清圆响亮，念白清晰脆爽，表情生动丰富，做功也细腻传神，由于学识素养不俗，他经常自由发挥，按照现实情境加入新的曲词唱段；同时又因着老生、老旦的功底，他还依剧情发展添入一些唱词唱腔，独创了许多丑角的唱段，改变了一直以来丑行"重念不重唱"的传统表演习惯。刘赶三擅长的老戏有《老黄请医》（出自《拜月亭》）、《法门寺》《连升店》《十八扯》等，他扮演过的许多丑婆角色至今仍令人津津乐道，比如《探亲家》中的乡下老妈妈，《普求山》中的窦氏，《拾玉镯》中的刘媒婆，《思志诚》中的妈妈等。一直以来，刘赶三被视作第一代京剧丑角的重要代表人物，"是京剧丑婆子戏的开山祖师"（王政尧：《皮黄大丑刘赶三》，见《清代戏剧文化史论》）。

譬如《探亲家》这出戏，刘赶三饰演的乡下妈妈瘪嘴、眯眼，满脸菊花般的皱纹，面部表情灵活生动，"与一般丑角不同的是善于'五官挪位'"（苏移《京剧二百年概观》），正是如此滑稽夸张的表演恰如其分地刻画出了老太太的淳朴善良与狡黠可爱。言及此戏，不得不提戏中之一绝，即刘赶三的重要演出伙伴——毛驴儿墨玉（又名二小）。此驴粉眉白目，四足毛青似

大清国慈禧皇太后

十八　"赶三一死无苏丑，唯有春山唱打围"

漆，为了训练它的戏曲舞台经验，刘赶三起初常于驴顶系一大鼓，再以一面大锣贴近驴耳时时击打，久而久之，驴子便不怕锣鼓之声响；后他又将墨玉系在后台，每次散戏后，便将其牵到台上，墨玉日渐熟悉登台习惯，以后每上台便乖巧安静，俯首帖耳，即便锣鼓喧天亦毫无惊慌。（张次溪《燕都名伶传》）由于墨玉懂锣鼓，知节奏，行止听话，甚至还会"跑圆场""挖门"，所以刘赶三每表演《探亲家》必骑它上场，一时间闻名京城，连慈禧太后亦久慕其名，传旨允许刘赶三骑驴入宫演出。每当此时，赶三便在驴脖子挂上一串铜铃，宫廷内外一闻铃声作响即知刘赶三到了。（叶龙章：《清朝同光名伶"十三绝"简介》，见《京剧谈往录》）后来，晚清民间画师沈蓉圃画《同光名伶十三绝》，刘赶三即以《探亲家》中的丑角老妈妈装扮列于其中。

由于表演极受观众欢迎，京城各处戏班纷纷邀请刘赶三，有时一日连赶三场，人皆畏其胆大，戏称为"赶三"；但三庆班的班规不准私自搭班演出，结果他被班主程长庚依班规逐出三庆班，据说直到程长庚去世后他才重回三庆班，也许是心存悔悟之意，此后他便真的以此谑名行走于梨园。

凭借着出色的表演与精湛的技艺，刘赶三一度被清廷升平署总管招为供奉，此后他在清宫大内表演的机会更多了，深受

光风霁月

同治癸戌年九月阳日

李鸿章

慈禧的宠爱。不过，与寻常戏子靠自谑来博主人开颜不同，刘赶三往往将自己的是非褒贬寓于惟妙惟肖的表演之中。这种假戏真做、借剧中人物吐一己真言的例子很多，将戏曲传统的"优孟精神"发挥得淋漓尽致。

譬如同治帝驾崩时，刘赶三正好在阜成戏园演出《请医》，刘赶三饰演的庸医与苍头对白道："东华门我是不去的，因为那门儿里头，有家阔哥儿，新近害了病，找我去治，他害的是梅毒，我还当是出天花呢，一剂药下去，就死啦！我要再走东华门，被人家瞧见，那还有小命吗？"竟然敢公开影射同治帝载淳，听者吓得瞠目结舌，将刘赶三看做疯子，然而刘赶三有着自己的道理，当旁人质疑他不敬时，他答道："不因民困而求救拯之方，乃花天酒地，致酿恶疾，祸由自取！"（张次溪《燕都名伶传》）刘赶三的辛辣嘲讽无疑道出了当时许多人的想法，只是旁人都敢怒不敢言，甚至不敢想，只有他敢，难怪任二北先生赞他道："清优人之大胆，无过赶三。"（《优语集》）

再譬如慈禧太后命刘赶三演出《十八扯》。《十八扯》是一出丑角戏，讲的是孔怀、孔秀英兄妹俩到磨房探问被母亲虐待的嫂嫂，见嫂嫂不在，于是二人游戏作乐一番，模仿了许多戏曲人物与唱段，幽默诙谐，极尽插科打诨之能事。待刘赶三饰演正要入座的皇帝时，忽然加了段吊场词，云："你看我是假皇帝，还能坐；那真皇帝，天天侍立一旁，连个位置都没有坐的呢！"原来，慈禧与光绪帝有旧怨，每次看戏，慈禧让光绪帝站于一旁侍奉，形同仆人。刘赶三临时加上这句曲词，自然是为年轻的皇帝鸣不平，结果慈禧虽然心存不乐，但为了堵住众人的口舌，果真顺着话头赐了一个位子给光绪帝坐。又一次，一位贵人大宴宾客，招刘赶三前往表演《思志诚》，戏中刘赶三扮演老鸨一角儿，演至客人到时，他忙向楼上高喊道："老五、老六、老七，出来见客呀！"当时正值惇、恭、醇三亲王便衣到宴，三人恰好分别排行老五、老六、老七，刘赶三出此语正意在讽刺他们仨，在场观众顿时心领神会，哄笑一团。一戏子竟公然对自己如此不敬，三位亲王极为恼怒，据说，事后还命人将刘赶三捉起来打了一顿。但经历了此事的刘赶三却无丝毫悔意，告诉旁人自己所作所为的理由："彼辈日以声色为乐，而无所益于我民，我固思有以惩之。"事实确是如此。刘赶三无论讽刺同治帝、三位亲王，还是嘲弄一般的官宦权贵，均非出自他个人的恩怨，而是一种深抱"国家兴亡，匹夫有责"情怀的正义之举。也正是这种正气，这种不为邪恶所压倒的高尚人格，使刘赶三深受梨园行的拥戴，他曾于同治至光绪年间，与程长庚同任并且连任了精忠庙（即梨园公会，乃京城戏曲界人士的民间群众组织）的庙首。要知道，京师以丑行任此德高望重职务者，史无前例。

《骑驴图》

刘赶三敢于触怒王侯权贵，自然更不把一般的朝廷官员放在眼里，但这也最终导致了刘赶三舞台人生的戛然而止和生命的痛苦终结，这年他 78 岁。此次他冒犯的不是一般人，而是大臣李鸿章。关于当时演出的具体情况，张次溪《燕都名伶传》有载：

> 光绪乙未春，马江战败，时提督为张佩纶。佩纶为李文忠（即李鸿章）婿，又系文忠所荐者。清廷震怒，议处佩纶罪。文忠恐获罪，乃自请处罚，廷议：予以摘去翎顶之处分。

赶三乃编数语，插于所演戏中曰："摘去头品顶戴，拔去双眼花翎，剥去黄马褂子"云云。适李伯行在座，伯行，文忠犹子，以为侮己，大怒。翌日，告巡城御史，拘赶三去，痛杖之。自此郁郁不自得，而疾作矣。先是赶三有腹泻疾，以是病益深，而终以死。

此事件发生的背景是这样：甲午战争后，李鸿章代表清政府向日军投降卖国，卑躬屈膝，既丧水师，又割地求和。在如此严峻的政治形势下，全国上下民情激昂沸腾。俗话说"婊子无情，戏子无义"。然而，偏偏就是这名整日逗人笑乐的戏子，这位不登大雅之堂的小人物，有着常人所少有的胆量与人格，在舞台上说笑逗唱，囊中藏针，刺人心肺，在机敏犀利之中，教那些对号入座之人坐立不稳，寝食难安。

尽管刘赶三过早地离开了人世，但他精彩的表演、出色的"抓现哏"（即据现场情境临时变化曲词之类的表演方式）和大快人心的"胡言乱语"，令时人或后人刻骨铭心，难以忘怀。张伯驹《红毹纪梦诗注》即有诗道："骂世敢嘲李合肥，方巾（按，方巾丑是丑行中有身份有才学修养的角色）难演是耶非。赶三一死无苏丑，唯有春山（按，即郭春三）唱打围（按，即《回营打围》）。"这恐怕不只是怀念方巾旧戏少人演，更多的也许是慨叹刘赶三死后，很难再见到那种可以将出色的表演技艺与深刻的愤世精神结合在一起的名丑角儿了。

自刘赶三死后，毛驴儿墨玉终日悲鸣，不食而亡。小小一牲畜犹如此重情重义，真无愧刘赶三疼爱它一场！

刘赶三死了，但他的灵魂是鲜活的。他忧国忧民，不畏权贵，在戏台上、在观众心目里、在史书记载中永远地刻下了一个伸张正义、明辨曲直的精神形象。据说刘赶三死后，京师梨园内外一直流行着这样一句话："赶三一死无苏丑，李二先生是汉奸。"（参见王政尧《皮黄大丑刘赶三》）

张次溪《燕都名伶传》谓："赶三以谑语讽之，适刺其心，又使之欲怒无从，欲责无由，殆亦优孟之流亚欤。"其实，在刘赶三之后，近现代梨园史上出现了不少具有救世之精神的优秀伶人，尤其在关乎民族危亡之际，他们总是大义凛然，挺身而出。

著名京剧老生演员孙菊仙，热衷于公益与慈善事业，在他90岁高龄时，仍坚持参加天津大同学校筹募办学的义演，演出剧目为他毕生所长的《李陵碑》。由于年事太高，孙菊仙在场上步伐老态龙钟，唱念发音亦只可吐字，不能成声，无法与昔日之华彩相比。但尽管如此，观众无一不为之泫然感动，大家高呼："老乡亲辛苦！"孙菊仙以其无私奉献的公益爱民精神赢得了在场所有人的诚心。三个月后，孙菊仙病逝于天津，这场戏成

了他生命的"绝唱"。

　　著名京剧表演艺术家梅兰芳先生，为了躲避日寇的骚扰，留起胡须，深居简出。由于停止了演戏，也失去收入来源，为了养活一大家子人，他咬牙变卖了房宅；而且，为了不履行汪伪政府发出的强行赴日命令，连续打了三次伤寒预防针，高烧近40度，昏迷不醒，险些送命。历经种种艰难，才得以坚守住自己决不为日寇演戏的信念，表现出崇高的民族气节。此后，他的蓄须明志便成了人所传颂的美谈。

一代粤剧宗师薛觉先先生，深凛大义，风骨铮铮。五四运动时，就致力于宣传爱国主义精神，与人合办"平民进化学校"，推进新文化运动；"九一八"事变时，他难抑满腔悲怆，挥毫写下"长歌寄意"四字，自注："国难当前，敢以弦歌丧志？人心宜结，请从讴乐移风！"在八年抗战期间，他于敌后编演了不少大力宣传爱国主义、张扬民族精神的剧目，如《岳飞》《英雄泪史》等，长歌寄意，为抗日战争作出自己力所能及的贡献。

这些德艺双馨的戏曲表演艺术家们，无论他们专事于哪一个剧种，哪一个行当，都不仅奉献了精湛的艺术，而且在人格精神上树立了一道高贵圣洁的丰碑，屹立于后人心中，他们的艺术精神永远不会谢幕！

十九

『阳春白雪怀优孟，法曲长留一瓣香』

——说岳春

　　川剧是我国传统戏曲艺术中一个重要的剧种，主要流行于四川、重庆、云南及贵州一带。关于川剧的起源与形成，学术界有多种说法，其中代表性的一种认为：清代中后期，四川各地经常演出昆腔、高腔、胡琴腔（皮黄）、弹戏及川地民间灯戏等声腔艺术，这几种声腔形式彼此借鉴、互相融合，又吸收四川地方的语言、文化、审美趣味等特点，从而形成了一致的艺术风格与艺术形式，清末统称"川戏"，后改为"川剧"。

　　本文要说的这位，便是川剧界的一代宗师，被人尊为"戏状元"的川剧名丑——岳春。

关公（清代四川傩戏面具）

岳春（1831—1913）字雪吟，原名为乐春，字春阳，四川大邑县人，生于清道光年间。由于自幼家境贫寒，岳春极为勤奋，日夜苦读，立志以科举中第来改变贫穷的家庭状况，然而尽管他饱读诗书，学问精进，但科场考试却屡屡不济，每次发榜，他都名落孙山郁郁而归。眼看青春年华已逝，自己却一事无成，岁值中年的岳春毅然决然放弃了科举仕途，转而投身梨园，学习川剧。凭借丰富的学识、刻苦磨炼的态度与坚持不懈、虚心请教的精神，岳春掌握了扎实的川剧基本功。川剧的各个行当，无论是生、旦，还是末、丑等，他全都可饰演；各种声腔，如昆

曲、高腔、胡琴腔、弹戏、民间灯戏等，他亦颇为擅长。正因为岳春戏路宽广，文武不挡，各种唱腔均为在行，因此被人称为"五匹齐"。(《成都新方志·大邑县志》)

在所有行当中，岳春尤其精工丑角，他一身兼擅襟襟丑（主要扮演乞丐、二流子等类型人物，服饰穿得破破烂烂而得名）、褶子丑（主要扮演风流公子、纨绔子弟，多穿红色褶子，故得名）、袍带丑（主要扮演王侯将相、爵贵显宦等，多穿蟒服，挂玉带，执朝笏，故而得名）三种丑角行当，在舞台上扮演了许多经典人物形象，如《坠马》中的探花、《做文章》中的徐子元等等，且自成一家特色。岳春在丑角功夫戏方面也独有所长，以"矮子功"为例，"矮子功"虽是突出丑角的滑稽可笑，但同样要求动作丑中见美、俗不伤雅、雅俗共赏。在岳春之前，"矮子功"的程式相对简单粗糙，表演手段上亦较为单一，主要是屈膝哈腰、一晃一颠等一些基本动作，形象趣味还不够艺术化。岳春有意将小生行的一些表演程式、表现技法移植到丑角的表演中来，使其动作丰富多样，又雅然有趣，经过不断的舞台表演与经验总结，得到了观众的认可。比如他扮演晏婴时就采用了"矮子身法"，既有艺术美感，又引逗欢颜。通过持之以恒的技艺砥磨与总结提高，岳春的艺术造诣超过了同行当的其他伶人，当之无愧地成为清末民初著名的丑角演员，表演代表作有《秋江》（出自《玉簪记》）、《活捉三郎》（出自《水浒记》）、《做文章》《坠马》《渔父赠剑》等经典剧目。

作为一名出色的戏曲演员，岳春的表演并非一味地固守旧俗。在舞台实践过程中，他善于思考琢磨，对川剧的一些唱腔、唱法、表演程式等作出了不同程度的创新与改变。比如，他将原产于苏州一带的昆曲与川剧高腔等唱腔相结合，对于川昆的形成与发展作出了不可忽视的贡献。在我国戏曲界，尤其川剧界，历来流传着"唱不来昆曲，成不了一个角"的说法，作为戏曲名角，岳春自然有着扎实的昆曲功底。然而，川蜀之人难懂苏昆的吴侬软语，为了让川昆能够获得更多的观众，岳春曾将苏昆中一些晦涩拗口的语词改为了通俗易懂的四川地方话，谱入"昆头子"（即指将昆腔用于一段唱腔的开始）的曲牌中演唱，促使苏昆向川昆转化。此外，他还一度搭舒颐戏班，与名伶周辅臣一道将部分传统昆曲剧目如《醉隶》（出自《红梨记》）、《坠马》（出自《琵琶记》）、《双下山》（出自《孽海记》）等加工、改编为川剧昆曲，其精湛的表演不仅受到观众的欢迎，而且还在一定程度上推动了川昆的传播与发展。（陈国福：《四川也有昆曲》，载《四川戏剧》2002 年第 1 期）

　　岳春拥有着真正的戏曲人生。俗话说："人生七十古来稀。"然而年逾七十的岳春，却依然精神抖擞，尤其站在舞台上，他的活力得到了更精彩的展现。那年，他应邀前往邛崃固驿镇表演川昆的经典剧目《坠马》，演出开始后，他以"趟马"（又称马趟子）的程式一上场，手脚之熟练轻巧，立刻获得了观众的喝彩。按程式安排，为了表现戏中的滑稽人物探花罗喜德新科登第、鞭马游街之狂妄得意结果堕入马下的情节，此处设有一个高难度的动作，即需要演员从高头大马上翻滚落地。当众人为之担心时，没料到岳春敏捷地一纵而越，翻身坠下，他的红色锦服迎风吹开，宛然一只彩蝶翩然飘过，观众对此般功夫赞赏不已，赞誉此举为"飞蝶下马"；随后，"伴着'好似狂风吹片瓦'的一句昆腔，岳春躬身屈膝，袍袖掩面，又如绣球似地在台上

元·赵孟頫《松荫会琴图》

飞速滚动，此谓之'滚圆宝'，又叫做'滚圆台'"（陈国福《四川也有昆曲》）。演技功夫之了得，真乃好汉不减当年！对于一个年事已高之人，到底是什么在鼓舞着他如此生机蓬勃、如此充满活力地站在舞台上呢？一个毋庸置疑的答案是：对戏曲艺术的热爱，对职业与观众的忠诚。这就是一个尽责敬业的川剧名伶的精神支柱！

关于岳春年高演戏的经历，还有一个更广为流传的故事：

话说年高之后，岳春终于离开了他心爱的舞台，在故乡四川大邑县过着宁静悠闲的村野生活，以卖民间膏药附子膏为生。在他 80 岁那年，时任四川总督岑春煊雅好戏曲，闻知岳春的大名，便传话大邑县令，请岳春至成都演戏，而且指明要看他的《做文章》。

《做文章》是川剧折子戏中的经典剧目，也是岳春最拿手的表演作品之一。该戏讲述的是一位名叫徐子元的公子哥儿整日好吃懒做，不学无术，胸无半点墨，肠有几斤油，是一个地道的纨绔子弟，他不仅做文章请仆人单非英代笔，而且招亲也请他代替，结果闹出了许多笑话。关于"徐子元"一角儿，就表演行当来说，属于川剧丑行中的褶子丑，要求演员有小生功底，表演时能够抖得伸褶子，具备扎实娴熟的"踢""顶""蹬""铲""拈"等诸多动作技巧。对于这个戏曲人物，这出戏，岳春已经演了几十年，剧中的曲词、做功、招式等等早已烂熟于心。如果再年轻上 20 岁，他绝对有把握把戏演好，然而现在的他，已经是寻常人所道之"风烛残年"了，还能再演吗？尽管周围的人都为岳春担忧不已，但岳春还是答应了总督的传命。

演出前，众人担心岳春年老不便、容易摔倒，遂请他换上较为舒服的软平底靴，但是岳春为了台下看起来自己更加挺拔，为了达到观众满意的效果，不顾众人劝阻，坚持穿着高底靴表演。只见他一上场，原本台下的老态全无，顿时容光焕发，不仅身形健朗，腰杆笔直，而且步伐轻快，做功活泼生动，举手投足间将二十来岁的公子哥儿徐子元的形象刻画得惟妙惟肖，栩栩如生。尤其值得一说的是他的脸谱造型，可谓别出心裁。按照川剧表演的传统惯例，扮演徐子元这类纨绔子弟角色，一般勾画豆腐干脸，即用白粉在演员鼻梁上勾成豆腐干状，或方形，或长方形两种。但当时岳春已经年高须白，又不舍得剃去心爱的胡子，于是他用熬得非常黏稠的糯米糨糊将胡子一根根倒粘在脸颊上，然后按照其长短位置，细致地勾勒出一张蝴蝶脸。这种蝴蝶脸，也是丑角行当的脸谱图形之一，即多用白粉在脸部勾成个大蝴蝶形图案，一般用于年事较高，性格幽默诙谐而且为人善良之类的角色以及少数"采花蝴蝶"似的人物，譬如《船舟借伞》(出自《白蛇传》)中的王伯伯、《秋江》中的艄公等等即常用此脸谱。当天，蝴蝶脸的"徐子元"一出来，为演出增添了不少趣味，不仅观众远观不出岳春的斑白须鬓，而且对于展露人物懒惰憨蠢、胸无点墨的特征也起到了意想不到的滑稽效果。

演出结束后，总督岑春煊非常满意，特地命人在一对白纱笼上绣刻"戏中状元"几个大字，将之赠赐于岳春，并且还派四人大轿子抬送岳春返回老家，一路上吹吹打打，好不热闹，路人皆驻足观看，赞叹不已。自此，岳春便被人尊为"戏状元"，一直流传至今，此后川剧界亦多了一个津津乐道的掌故传奇："七十尚能翻《坠马》，八旬犹演《做文章》。"

岳春对川剧的贡献并不仅在于他个人的表演艺术取得了偌大成就，他提携后进、培养戏曲专业人才的举措对于川剧的繁荣发展所起到的作用也许更为重要。

当初岳春以出色的表演技艺奠定了川剧界的地位后，资阳河派（按，资阳河派以高腔为主，为川剧四大派别之一，乃依"四条河道"划分得名，其他三种分别是"下川东派""川西派""川北河派"）的大名班久慕其声名，请他前来帮助整理戏班；为了培养弟子，岳春与正生名角萧遐亭、号称"花脸王"的罗开堂等一起创办了一个戏曲表演科班，因岳春极崇拜南宋

梨花带雨

时期的蜀中名杂剧演员袁三（以擅演《酒色财气》一剧闻名），他便把班社立名为"三字科社"（一名为"名盛科社"），学生的名字均带"三"字。由于岳春等人的严格调教，该科班培养出了一批优秀的川剧名伶，如丑傅三乾、林三官，小生蔡三品、生角李三纲以及小旦王三凤等。代代相传，发展到后来，岳春的门徒几乎遍布蜀中，而岳春本人成了川剧资阳河派重要的祖师爷。(《成都新方志·大邑县志》)

在近现代川剧界，不少伶人都曾经向岳春习过艺，可惜的是，求学之人多重其艺，能够得其敬业精神、职业操守的人却不是很多，被众人赞为"戏圣"的名伶康子林便是其中出色的一位。

康子林（1870—1930）又作芷林、紫麟，原名康学清，四川邛崃人，是我国清末民初著名的川剧表演艺术家。康子林12岁起入科班学戏，先后师从彭子元学旦角儿，继而拜于岳春、傅来生等川剧名师门下学习文武小生。康子林自幼勤奋好学，苦练钻研，因而打下了扎实的表演功底，17岁时便蜚声剧坛。

康子林文武俱工，文生代表戏有《情探》《断桥会》《扫华堂》《评雪辨踪》等；武生代表戏则有《三变化身》《八阵图》《夺棍打瓜》等等，因为他处处以高标准严格要求自己，所以不仅文武样样在行，而且几乎场场精彩。以《评雪辨踪》这出戏

为例，为了更深切地把握人物吕蒙正怀才不遇的遭际与孤芳自赏的性格特征，为了演得让观众满意，在下着鹅毛大雪的寒冬腊月里，他身着单衣前往寺庙寻找真实的体验，结果演出获得了相当的成功，他亦被人赞为"活蒙正"。他的《三变化身》尤为精彩，根本不需烟幕掩护，只要一把折扇猛扇几下，便出来瞬息万变的脸谱，故而后人一般将他尊为"变脸"戏的宗师。此外，康子林的配戏也很精彩，最值得称道的是他与武生曹俊臣合演《水漫金山》的故事。剧中，康子林饰演三只眼的韦驮，但他出场时仅有两只，观众觉得不对，正欲嘘声议论之时，只见他猛地飞踢起左脚尖，额头上出现半只眼睛，再次踢起右脚尖时，额头上便出现了一只完整的眼睛，观众惊叹不已，高声叫好——原来康子林早已把眼睛画在了脚尖上。

康子林可圈可点的好戏实在太多，不过，与精湛的艺术造诣相比，他严谨的职业态度与敬业的高尚情操更是让人肃然起敬。据《成都新方志·邛崃县志》记载："1902 年，清政府四川巡警道、劝业道联合考核从业伶人，康子林以技艺、品德、文化三优名列第一，获银质奖章。"如果说，这是对出道早期的康子林的一个肯定，那么发起成立三庆会以后的康子林，则更加德艺双馨，令人敬仰。

自四川第一个由艺人自主经营的演出团体三庆会成立后，

康子林先后当过副、正会长，为了把这个团体办好，他尽心尽力，无私奉献，毅然抛弃个人的私利，多次拒绝其他班社的高薪聘请。任职期间，他大力宣传"三德"（品德、戏德、口德）口号，在剧团中实行老有所养、死有所葬的制度；他待剧社成员亲同兄弟姐妹，据说，他还曾从自己的收入中悄悄匀出一部分给生活贫困的演员，并不让受助者知晓，等等。

一直以来，康子林还是三庆会的台柱。每次演出，虽然他的戏都被排在最后作为压轴，但是只要每次开场锣一响，他就已经装扮穿戴得齐齐整整，静静地候于后台，完全没有那些傲慢一时、目空一切的红角儿的张扬与架子。见此情景，三庆会中的其他名伶皆折服不已，并以之为楷模。可以说，康子林是用他的戏德在影响着身边的每个伶人。也正因为康子林既有着深厚的艺术造诣，同时还具备出色的职业精神与道德品格，才获得了一致公认的好口碑，从而赢得了"戏圣"的美誉，一时，其盛名四处闻传。

不过，世间之事实难预测，尤其一封为"圣"，便似乎更易遭天妒。古人不是曾这样说过："大都好物不坚牢，彩云易散琉璃脆。"（白居易《简简吟》）1930 年，康子林率"三庆会"成员前往重庆演出，他的《三变化身》《八阵图》等戏受到了热烈的欢迎，因而为期三个月的演出又续演了三个月。当时正值夏日，高温酷暑，而康子林又要演连台大轴戏，如此高强度的工作，年逾花甲的康子林如何扛得住呢。结果，长期的过度劳累终于将他击垮，一次演出时他晕倒于后台，自此一病不起。几个月后，康子林便永远地告别了他一手扶持建立的"三庆会"，告别了他的戏友，告别了他热爱的舞台，也告别了他热爱的观众。

据说，当年八十高龄的岳春赶往成都为总督演出之时，曾对劝阻的众人说："我死也要死在戏台上。"（张兵《中国古代梨园百态》）没有料到的是，岳春的话居然最终变成徒弟康子林的谶语。

这些将戏看得比命大的人呵，他们对于戏曲的赤诚，对于戏曲事业的贡献，真让那些对戏曲事业抱有功利目的的人汗颜；他们对观众的热爱与尊重，更是值得后人永久敬仰。在千人瞩目、万人艳羡的光环下，其实又有谁知道他们的执著之中包含着多少追求、理想与信仰，他们的坚韧之中，又蕴藏着多少不为人知的无奈、苦楚与辛酸呢！

"阳春白雪怀优孟，法曲长留一瓣香"——这是后人赞誉岳春的。这里借花献佛，献给康子林及众多已故的梨园大师们！

二十

『风雨百年喜连成，梨园万代传芳馨』

——说叶春善

1904 年，自从一个名为"喜连成"（初为"喜连升"）的科班在北京成立后，中国京剧的发展迎来了又一次勃兴。各行当、各流派的优秀表演人才如雨后春笋般涌现，在 44 年的生涯中，喜连成培养了许许多多出色的京剧艺术人才，堪称京剧史上存在时间最长、规模最大、培养人才最多的科班。

提及喜连成科班，最值得我们铭记怀念的，便是叶春善。

叶春善（1875—1935）字鉴贞，号仲利，原籍安徽太湖。叶春善祖上殷实富庶，衍至其父叶中定一辈，已是家道中落。叶中定，字坤荣，早年学艺于京城老嵩祝科班，后搭入四喜班，与

老生名伶王久龄并称台柱；叶中定工净角花脸，所扮演的曹操尤其惟妙惟肖，形神俱出，一时被人赞为"活孟德"。受家庭熏陶，叶春善自幼入小荣椿班，工末行，即做派老生（亦叫衰派老生），他表演的《一捧雪》之莫成、《失印救火》之白槐、《群英会》之鲁肃等，皆享盛誉，同时，叶春善还擅扮旦净丑角儿，文武昆乱，无一不精。

　　然而人的一生总是充满了无限变数，与北方富贾牛子厚的偶然结识，使叶春善的梨园生涯改变了行进的轨迹。牛子厚名秉坤，字子厚，东北吉林人，活动于清末民初。虽然出身贫寒，但通过多年经商，积攒了丰厚的家产。牛子厚酷爱戏曲，尤其喜欢京剧，为了看戏，还特意在吉林修建了一个戏园子，邀请远在京城的四喜班下关东为其母演戏。

也正是这次机会，牛子厚认识了随四喜班演出的叶春善。

当时，叶春善因长途跋涉，劳累过度，感了风寒，以致哑嗓而无法上台演出，牛子厚让他调养身体，同时担任后场管事。叶春善为人勤恳，凡事兢兢业业，忠于职守，一丝不苟，不仅班内演员对他多有好评，牛子厚对其人品操守更是欣赏有加。牛子厚有意成立京剧科班，在京城、吉林两地演唱，于是邀请叶春善出任社长，负责教学管理，而他则任班主，提供财力支持。起初叶春善以怕误人子弟为由再三推辞；最后难却盛情，终于答应了牛子厚。

1904 年，回到北京后的叶春善招收了雷喜福、赵喜魁、武喜永、赵喜贞、陆喜明、陆喜才六名无家可归的孤儿，在家教他们唱戏练功，分文不取，这些孩子长大后即成了喜连成的"六大弟子"。随后，叶春善又陆陆续续招收了十几名弟子，时在吉林的牛子厚得知他已开班，即汇来白银 288 两（合大洋 400 元）作为活动资金，叶春善勤俭节约，仅用半数即已维持。科班队伍扩大后，叶春善在北京宣武门外租赁了宽大的房舍，供学生居住习艺，正式挂牌"喜连升"（因牛子厚所有店铺字号中均带一"升"字而得名），很快又更作"喜连成"（一说含期望弟子成才成角儿之意；一说牛子厚三个儿子的名字分别为"喜贵""连

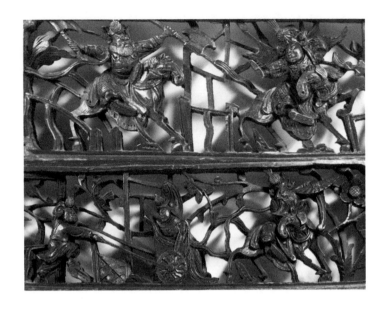

贵""成贵",故各取一字而得名)。并聘请了萧长华(名宝铭,
字长华,号和庄,本精工小花脸,但其诸行亦通,教生旦净末
丑)、苏雨卿(教青衣、花旦)、宋起山(教武功、武丑)、勾
顺亮(教秦腔)等名伶担任教师,传授技艺。自 1906 年起,科
班开始于北京前门外肉市街广和楼茶园演出,很受观众欢迎,
一时间人尽皆知京师有一个喜连成科班。

　　1911 年,辛亥革命爆发,清政府垮台,社会形势颇为混乱,
市面萧条,科班亦无法正常维持。是时科班财东牛子厚生意又连
遭亏损,加上家族内部矛盾,无暇顾及喜连成,以致喜连成财

清代戏曲人物雕板

力无助，几遭停顿。在这危急关头，叶春善四处奔走，想尽办法，终于联络上京城外馆（即指当时作外蒙等地买卖的商贾）沈家，请财主沈崑（字仁山）接办，沈崑亦喜好戏曲，热爱京剧，接手喜连成正谓遂其志趣。1912 年，喜连成易主，更名"富连成"，全称"北平富连成戏剧学社"，简称"富社"。广和楼戏园也屡向富连成约聘，自 1914 年起，两家终于建立了长久的演唱合同，一直延续了二十多年。

尽管班主已易，恪尽职守的叶春善仍然担任社长之职，多年如一日的兢兢业业，鞠躬尽瘁，使他成了富连成的社魂，可以说，没有叶春善，就没有富连成。叶春善几乎是将全部身心倾注在了富连成，由于长期劳累，叶春善落下了严重的病根。1933 年，叶春善应约率班赴山东演出一个月，途中急患脑出血，导致半身不遂；1935 年冬，终因医治无效，溘然长逝。叶春善死后，其子叶龙章接班，继续担当富连成的社长，但富连成的辉煌已经随着叶春善的故世而离去了。

富连成前后一直延续了 44 年，直至 1948 年北平解放之前才告解散。在这 44 年中，富连成连续办了七科，学生以"喜、连、富、盛、世、元、韵"排名，先后培养了七百余名京剧演员，"南自闽沪，北至吉黑，凡有戏剧之地，无不有该社生徒之足迹"（《〈富连成三十年史〉序》）；传承剧目多达四百余出，名段名戏、名伶名派可谓争奇斗艳，其中名角儿如梅兰芳、周信芳、马连良、于连泉、李世芳等皆出自富连成（按，梅兰芳与周信芳非坐科学员，而是在喜连成搭班，乃带艺入科），名派亦有老生"谭（富英）派"，净行"侯（喜瑞）派""裘（盛戎）派""袁（世海）派"等等，举不胜举。这一切，都印证了老社长叶春善曾经说过的那句话："二十年后，甭管哪个班子，没我的学生就开不了戏。"（白化文《〈富连成三十年史〉新印小记》）。

与富连成科班大致同时，北京城内还有不少京剧班社，代表者如杨隆寿办的小荣椿班，李际良办的三乐社（后改名"正乐社"），田际云办的崇雅社，郭际湘（艺名"水仙花"）主持的鸣盛和科班及尚小云办的荣春社等等，但因财力经费、人力管理及社会条件等方面的原因，各科班维持的时间长短不一，社会反响也大小不同，能像富连成这般维系四十余年，且影响如此深远的，实属罕见。

在我国古代，优伶有其自身的组织，这种组织大致有三种形态：一是属于官方的，其中包括宫廷、官府两种性质；二是民间职业性组织；三是属于个人家庭所有的"家乐"。官方的优伶组织随着时代的不同而有着种种称谓，如"乐府""教坊""梨园""南府"等等。家乐主要供家班主人享乐而设，如明末清初

《富连成三十年史》书影

的著名文人张岱、冒襄、吴伟业、查继佐等都蓄有家班，用于娱乐遣情。民间职业优伶组织一般是走南闯北，冲州撞府，是一种职业性、商业性、流动性的优伶团体，艺术创造是其赖以生存的条件，他们的演出对象是众多的百姓。

"科班"就脱胎于民间职业戏班，而真正成熟应是京剧形成以后的产物。民间职业戏班在中唐时期就已产生，周季南、周季崇与季崇妻刘采春以家庭为单位组成的戏班可算作中国古代历史上较早有记载的一个民间职业戏班，他们采取流动演出的活动方式，每至一处，除投靠官府，还自己营业，演出颇得观众欢迎。降至宋代，优伶的民间组织逐渐有了自己的称谓，从事表演艺术的职业团体被称为"社会"，其中仅临安（今杭州）一地，从事音乐歌舞表演的"社会"即有几十个，如遏云社、清音社、鲍老社等；其他各种表演艺术亦有自身的组织，如绯绿社（杂剧）、齐云社（蹴毬）、雄辩社（小说）、同文社（耍词）、锦标社（射弩）等等。至明清时期，优伶的民间职业团体最为兴盛，一方面是商品经济的进一步繁荣、朝野上下的普遍喜爱，同时戏曲艺术的蓬勃发展也为职业戏班的兴盛奠定了扎实的基础。此时的职业戏班有的也召集一些男女优童，边教习边演出，可视为科班体制之滥觞。

"科班"是我国古代历史上最为完善的职业优伶机构，同时也是古代优伶教育的集大成者。科班的基本特色是融教学与实践为一体，集戏曲教育与商业演出为一身，它既是一个优伶教育机构，也是一个演出团体。"科班"之所以能取得成功，与其完整的制度、严密的培养体制和符合戏曲艺术规律的教学方法密不可分。

据叶春善之子叶龙章撰《喜（富）连成科班的始末》（《京剧谈往录》）中载述，为了更好地培养出合格的戏曲人才，作为富连成社务管理者的叶春善与萧长华等人商量制定了详细的科班训词，要求"养身体，遵教训，学技艺，保名誉"，警醒学员"戒抛弃光阴，戒贪图小利，戒烟酒赌博，戒乱交朋友"。还制定了一套十分严格具体的科班制度，即《梨园规约》。如：

梨花带雨

最要者为：后台不得犯野蛮。撞闯祖师龛、銮驾、供器桌，斗殴拉账（桌）、摔牙笏、砸戏主……抢箱板等情形，一律罚办不贷。后台座位管理各有次序，不得乱扰。管事人坐账桌。催场人、上下场，坐后场门旗包箱。生行坐二衣箱。贴行坐大衣箱。净行坐盔头箱。末行坐靴包箱。武行上下手坐把子箱。丑行座位不分……

最忌：后台不得坐箱口。大衣箱上不准睡觉。箱案不得坐人……上玉带不得白虎。后台不准晃旗。加官、财神、喜神，各脸不得仰面，戴脸不准照镜说话。戴王帽遇草王盔，不得同箱并坐。扮关公、神佛角色须净身。后台不得作闲事。净行不得忝彩条。生行忌落髯口……扮戏不得吃烟。后台不得张伞，不准弈棋……

科班的"选材"和培养也颇有特色。入班弟子一般要通过介绍人保送，由社长、教师等统一面试，身段、体形、嗓音条件乃至健康状况等都得检查。初步认可后，还须观察一段时间，待确认可资培养后，方订立契约。入班弟子的年龄通常在6—10岁之间，有一定基础的可适当放宽。后经过近半年左右的进一步考察，根据体态、资质、容貌、嗓音等条件决定各人所学的行当（即生、旦、净、末、丑），行当的选择由教师审定，生徒不

梨花带雨

许自选。在科班学艺的这段时间，习称"坐科"，大抵为七年左右；坐科期间，边学边演，教学与实践相配合，待学习期满，已掌握一定技艺后，准许毕业，习称"出科"。但出科后一般还要有一年左右的时间为科班效力，即所谓的"报师"，然后，出科的优伶演员才可选择戏班搭班献艺。

科班对学徒要求严格，平日强调教学、加强管理，学徒的功底通常就比较扎实，素质也往往较高，这是科班成功之基础。而立意之高远更是一个科班走向成功的关键。富连成便是其中的典型，叶春善创社之初就立定了如下誓约："创办科班，不为发财致富，争名夺利，只为培养教育梨园后一代，永续香烟。"（叶龙章《喜（富）连成科班的始末》）正是因为这种一丝不苟的严格要求、大公无私的艺术奉献和职业操守，才使富连成培养出了一大批杰出的梨园精英。

"喜（富）连成"成立至今已逾百年，老社长叶春善离世距今亦有七十余年之遥了，但富连成的影响远非百年可以终止，叶春善的声名也将受到一代代梨园子弟的口耳相传。

回看我们当今的梨园，如果多出几位如叶春善这般尽职尽责、功德无量的管理者，多出几个如富连成这般推动京剧发展的优秀科班，多总结一些传统的管理和培养经验，那么我们的戏曲事业将不会低迷。

大概没有人会否认这一点：只要文化传统的精华守住了，民族的根就不会断。

后
记

  北京大学出版社组织出版一套"幽雅阅读"丛书，旨在宣扬中国传统文化，要求文字清新雅致，角度新奇有趣，以满足非专业读者的阅读需求，确乎是一个很好的创意。其中有关优伶部分约请我来撰写，这大概缘于我十多年以前写过一部《优伶史》的小书。

  本书由我与徐坤博士共同完成，徐坤博士是我的学生，现在执教于华东师范大学传播学院，专攻中国戏曲史。徐坤对戏曲史情有独钟，思路活跃，文字畅达，已发表不少有价值的学术论文，其博士论文《尤侗研究》也深得好评。这是一次愉快的合作。

对于优伶的研究，前辈学者如王国维、潘光旦、冯沅君等先生已打下了很好的基础，当今学界亦颇多出色的成果，本书多有借鉴，不再一一列举，谨致谢忱。书中错误所在多多，亦望读者诸君批评指正。

谭帆

2007 年 10 月

『幽雅阅读』丛书

策划人语

　　因台湾大学王晓波教授而认识了台湾问津堂书局的老板方守仁先生，那是 2003 年初。听王晓波教授讲，方守仁先生每年都要资助刊物《海峡评论》，我对方先生顿生敬意。当方先生在大陆的合作伙伴姜先生提出问津堂想在大陆开辟出版事业，希望我能帮忙时，虽自知能力和水平有限，但我还是很爽快地答应了。我同姜先生谈了大陆图书市场过剩与需求同时并存的现状，根据问津堂出版图书的特点，建议他们在大陆做成长着的中产阶级、知识分子、文化人等图书市场。很快姜先生拿来一本问津堂在台湾出版的并已成为台湾大学生学习大学国文课的必读参考书——《有趣的中国字》（即"幽雅阅读"丛书中的《水远山长：汉字清幽的意境》）一书，他希望以此书作为问津堂出版社问津大陆图书市场的敲门砖。《有趣的中国字》是一本非常有品位的书，堪称精品之作。但是我认为一本书市场冲击力不够大，最好开发出系列产品。一来，线性产品易做成品牌；二来，产品互相影响，可尽可能地实现销售的最大化，如果策划和营销到位，不仅可以做成品牌，而且可以做成名牌。姜先生非常赞同，希望我来帮忙策划。这样在 2003 年初夏，我做好了"优雅阅读""典雅生活""闲雅休憩"三个系列图书的策划案。期间，有几家出版社都希望得到《有趣的中国字》一书的大陆的出版发行权，方先生最终把这本书交给了我。这时我已从市场部调到基础教育出版中心，2004 年夏，我将并不属于我所在的编辑室选题方向的"幽雅阅读"丛书报了出版计划，室主任周雁翎对我网开一面，正是在他的大力支持下，这套书得以在北大出版社出版。

感谢丛书的作者，在教学和科研任务非常繁重的情况下，成全我的策划。我很幸运，每当我的不同策划完成付诸实施时，总会有一批有理想、有追求、有境界，生命状态异常饱满的学者支持我，帮助我。也正是由于他们的辛勤工作，才使这套美丽的图文书按计划问世。

梨花带雨

感谢吴志攀副校长在百忙之中为此套丛书作序并提议将"优雅"改为"幽雅"。吴校长在读完"幽雅阅读"丛书时近午夜，他给我打电话说："我好久没有读过这样的书了，读完之后我的心是如此之静……"在那一刻我深深地感觉到了一位法学家的人文情怀。

我们平凡但可以崇高，我们世俗但可以高尚。做人要有一点境界、一点胸怀；做事要有一点理念、一点追求；生活要有一点品位、一点情调。宽容而不失原则，优雅而又谦和，过一种有韵味的生活。这是出版此套书的初衷。

杨书澜

2005 年 7 月 3 日